AF332078

RABELÆSIANA

PAR

Armand Rivière

PARIS

C. MARPON ET E. FLAMMARION

ÉDITEURS

26, RUE RACINE, PRÈS L'ODÉON

RABELÆSIANA

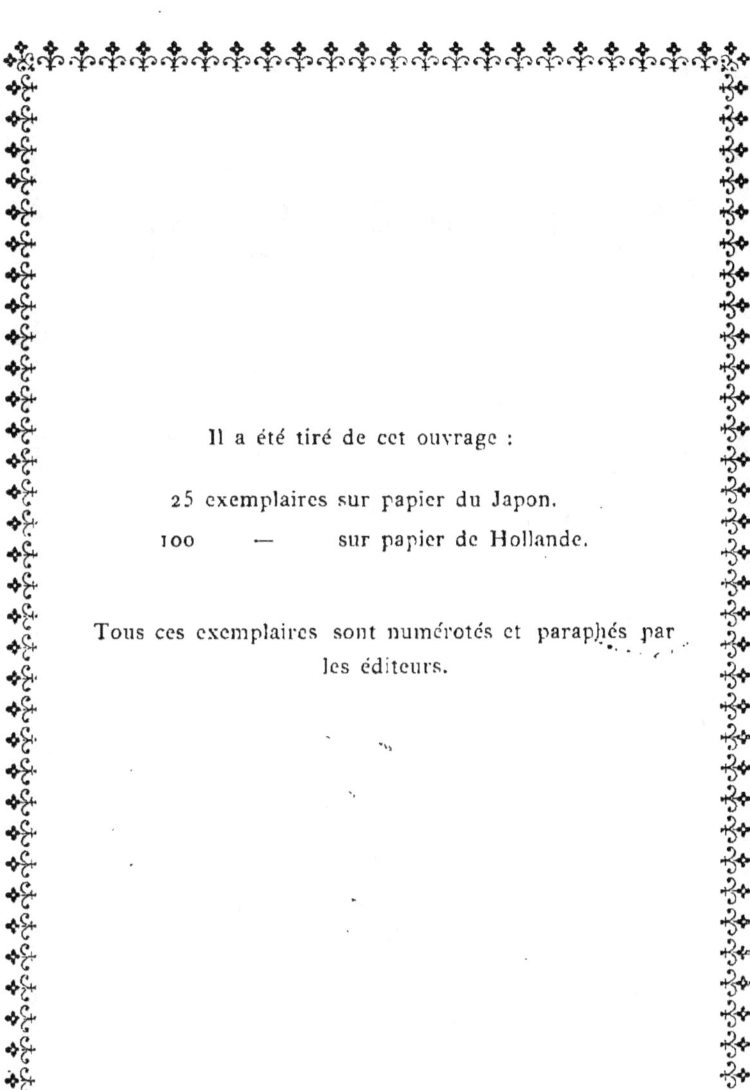

Il a été tiré de cet ouvrage :

25 exemplaires sur papier du Japon.
100 — sur papier de Hollande.

Tous ces exemplaires sont numérotés et paraphés par les éditeurs.

RABELÆSIANA

PAR

Armand RIVIÈRE

PARIS

C. MARPON ET E. FLAMMARION, ÉDITEURS

16, RUE RACINE, PRÈS L'ODÉON

—

M DCCC LXXXV

LES FÊTES DE RABELAIS A TOURS

DISCOURS DE M. RIVIÈRE, MAIRE

MESSIEURS,

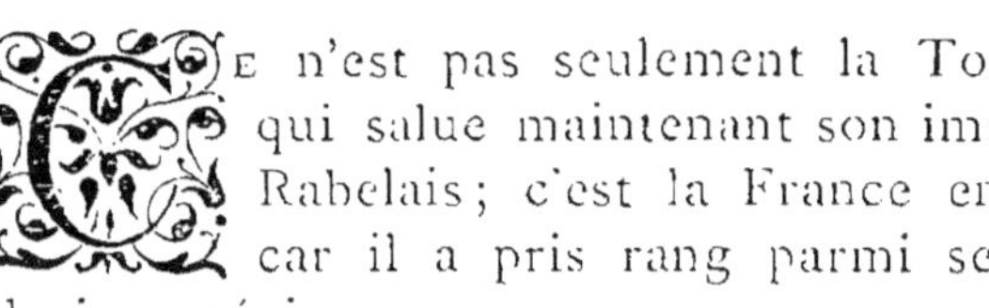

E n'est pas seulement la Touraine qui salue maintenant son immortel Rabelais; c'est la France entière; car il a pris rang parmi ses plus glorieux génies.

Il n'a pas fallu moins de trois siècles pour que l'humanité brisât l'os *médullaire* dont maitre François lui offrait à *sugcer la sub-stantificque moëlle,* et qu'elle tirât ses *fines & impréciables drogues* de la *boyte* où il les avait enveloppées, *toujours riant, toujours beuvant, toujours dissimulant son divin sçavoir.*

1

Ces fines et impréciables drogues, c'étaient
la science, la justice, la vérité, la raison, la
liberté de penser ; et ce devait être l'honneur
de la Révolution, de la République, de les
faire goûter à tous et d'élever des statues au
grand homme qui les avait recueillies et trans-
mises à son pays et au monde.

Messieurs, il ne faut pas s'arrêter à la gangue
et aux scories dont il a volontairement et
nécessairement entouré ses diamants, au fumier
dans lequel il a caché ses perles. Ce qu'il
convient de voir dans son livre, que le cardinal du Bellay appelait le livre par excellence,
c'est le savoir qui y est prodigué, c'est l'expres-
sion sincère du véritable esprit français, qui
courait risque de s'altérer, de sombrer et de
se perdre dans *les brouillards plus que cimmériens* du moyen âge ou dans le rigorisme étroit
de la Réforme et du calvinisme.

Rabelais fut avant tout et peut-être, à mon
avis, plus qu'aucun autre de ses contemporains,
l'homme de la Renaissance.

Pendant de longs siècles, le cléricalisme
tout-puissant de ce temps-là, les disputes
scolastiques et les doctrines théologiques
avaient épaissi sur le moyen âge les *brouillards
plus que cimmériens* et tenté de rompre la

chaîne qui rattachait la chrétienté à l'antiquité païenne.

Au xvᵉ siècle, dans les arts, dans les sciences, dans la philosophie et les lettres, un grand mouvement se fit pour renouer avec les traditions antiques l'esprit moderne, et cette impulsion de la raison humaine fut favorisée dans son essor par l'imprimerie inventée « par inspiration divine ».

Rabelais se jeta dans ce courant avec toute l'ardeur de son vaste et puissant esprit qui devint une sorte de vivante encyclopédie. Langues anciennes, langues vivantes, médecine, anatomie, botanique, astronomie, sciences et arts de toutes sortes, il s'assimila tout par l'étude et consigna dans son livre toutes les connaissances de son époque.

Mais alors que le moyen âge régnait encore et que la foi aveugle, la superstition et le fanatisme bâillonnaient la libre-pensée et la traînaient au bûcher comme hérétique, il y avait un double écueil à éviter, l'ennui des dissertations et démonstrations trop savantes, trop *absconses*, qui ne pouvaient servir à vulgariser les idées nouvelles, et par-dessus tout l'accusation d'impiété et d'hérésie qui conduisait tout droit dans l'antre des Chats Fourrés et de là aux fagots de la place de Grève ou de la place Maubert.

Louis Berquin, brûlé en Grève en 1530; Jean Caturce, régent de l'Université de Toulouse, brûlé dans cette ville en 1532; Étienne Dolet, pendu puis brûlé sur la place Maubert en 1546; Scaliger, qui faillit l'être pour avoir mangé gras en carême; Clément Marot, compromis et obligé de fuir pour un crime semblable et pour avoir traduit des psaumes en vers français, c'étaient là des exemples bien capables de rendre prudents les plus braves.

Qui donc oserait blâmer Rabelais d'avoir, pour échapper à ces tragédies, enveloppé et roulé ses plus grandes pensées dans la comédie et la farce?

D'autant que les farces les plus salées, les propos les plus graveleux ne répugnaient point à ses contemporains, et que l'esprit gaulois s'est toujours mieux accommodé du rire que des larmes.

> Mieulx est de ris que de larmes escripre,
> Pour ce que rire est le propre de l'homme.

Quoique François Rabelais, par sa profession, par sa robe de moine puis de prêtre, appartint à l'Isle Sonnante, alors en lutte

contre la Réforme, il ne prit point parti pour
la première, pas plus qu'il ne s'inféoda à la
seconde. Comme Erasme, il n'était pas homme
à vouloir remplacer une intolérance religieuse
par une autre, le fanatisme ultramontain par
le fanatisme réformateur.

Aux deux religions qui allaient se faire de
cruelles guerres et se livrer de sanglantes
batailles, il préférait la bonne religion pantagruelique de « celluy grand bon piteux Dieu,
lequel créa les salades et les bons vins », c'est-
à-dire le bien vivre, la tolérance, la liberté de
conscience, la liberté de penser.

Aux nouveaux couvents et instituts des
frères Fredons, — probablement des Jésuites,—
qui voulaient importer en France le catholicon
d'Espagne, il préférait sa magnifique abbaye
de Thélème, dont la règle si libérale était :
FAY CE QUE VOULDRAS.

Ainsi son génie s'identifiait avec le génie
même de la nation française qui a pour les
dogmes imposés et pour les doctrines illibé-
rales une répugnance invincible. Ainsi, ce
bouffon sublime, au milieu des bêtes du cirque
qui menaçaient de le déchirer et de le dévorer,
portait à l'autel de la patrie l'œuf de la civili-
sation moderne, le trésor de la philosophie

vraiment humaine qui contenait les germes de la vérité, de la raison, de la justice et de la liberté.

Ses contorsions et ses grimaces, ses folâtreries grossières et ses spirituelles joyeusetés ne furent que les ingrédients et l'assaisonnement nécessaires pour faire passer et avaler ses fines drogues, des artifices ingénieux pour donner le change à la persécution qui guettait la libre-pensée afin de l'étrangler.

Comme philosophe, le sceptique et railleur maître François fut le précurseur de cet autre grand Tourangeau, Descartes, qui fit table rase dans son esprit pour y installer le doute philosophique, puis cette première certitude que lui fournissaient son expérience et sa raison : Cogito, ergo sum ; Je pense, donc je suis.

Montaigne, Molière, La Fontaine, Voltaire, qui par moments l'a méconnu, notre Paul-Louis Courier, ont eu parmi leurs ancêtres Rabelais, qui fut un des *pères de notre idiome*, de cette belle langue française, qu'il dota de la souplesse, de la finesse, de la clarté et de toutes les grâces de notre pur dialecte ligérien.

Mais, ce qui me parait le plus admirable dans l'œuvre de notre illustre compatriote, c'est qu'il a pressenti et tracé les linéaments de

notre éducation républicaine, qui doit tendre
à la fois au développement des forces intellec-
tuelles et des forces physiques.

Bien que nos enfants et nos jeunes gens ne
soient pas des fils de rois, des héritiers du sire
de Grandgousier et de la reine Gargamelle,
tous sont les fils bien-aimés de la République,
de cette noble mère-patrie, la France, et tous
ont droit à un enseignement qui fortifie l'esprit
et le corps, en alternant les exercices gymnas-
tiques et les travaux manuels avec la culture
de l'intelligence. S'il n'est plus de notre temps
de montrer l'art de la chevalerie, comme l'ins-
tituteur Ponocrates l'enseignait au jeune Gargantua et à son compagnon, ce jeune gentilhomme de Touraine, nommé Gymnaste, — à
toute notre jeunesse qui doit payer sa dette du
service militaire, ne convient-il pas d'apprendre, de bonne heure, l'art d'être soldat ?

Lutter, courir, sauter, nager en profonde
eau, se livrer à toutes sortes d'exercices gym-
nastiques, s'esbaudir à chanter musicalement,
manier la pioche, la bêche, la tranche, s'es-
battre à botteler le foin, à fendre et à scier du
boys, à battre les gerbes en la grange, apprendre et considérer l'industrie et l'invention des
métiers, en même temps que les lettres, les

arts et les sciences, — voilà un programme
pédagogique, tracé pour Gargantua, qui vaut
la peine d'être médité, et qui semble fait non
pour des princes, — nous n'en avons plus, —
mais pour les écoles professionnelles du temps
présent et de l'avenir.

Messieurs, quand on a conçu de si hautes
pensées et esquissé de telles vues, alors que
« le temps estoit encores ténébreux, et sentant
« l'infélicité et calamité des Gothz, qui avoyent
« mis à destruction toute bonne littérature » ; —
quand on a écrit l'admirable lettre de Gargantua à Pantagruel, quand on a stigmatisé les
Chats Fourrés, fait la description humoristique
de l'Isle Sonnante et expliqué pourquoi les
moines sont *vouluntiers* en cuisine et *defuiz* de
tout le monde, quand on a acquis une gloire
dont l'éclat est allé croissant de siècle en
siècle, une cité, une province, une nation
entière s'honorent en élevant des monuments
et des statues à un fou doué de tant de sagesse !

C'est aussi un honneur pour un artiste, pour
un sculpteur, d'avoir été jugé digne de recher-
cher dans l'œuvre de maître François Rabelais sa
physionomie pour la traduire et la faire revivre
dans le marbre ; et ce ne saurait être une
médiocre récompense pour M. Henri Dumaige,

non seulement d'avoir obtenu une médaille à
l'Exposition des beaux-arts, mais d'avoir mis
sur son nom le reflet d'une illustration aussi
glorieuse que celle de notre Rabelais.

Donc, saluons de nos applaudissements et le
grand homme dont nous inaugurons la statue et
l'artiste distingué dont le ciseau a animé ce
marbre, — et la République à qui nous devons
de fêter la libre-pensée en élevant un monument à l'un de nos plus illustres libres-
penseurs.

RABELÆSIANA

RABELÆSIANA

I

LE TOAST DE RABELAIS

A L'INAUGURATION

DE SA STATUE A CHINON

Le deuxiesme jour du moys de Juillet MDCCCLXXXII

MES SIRES,

Du royaulme d'Utopie, de l'isle d'Odes, en laquelle les chemins cheminent, maistre Rabelais me téléphonisant m'encharge de boyre à ses bons amys chinonois, loudunois, fouaciers de Lerné et aultres bons beuveurs, et à leurs pretieux et gracieux hostes, et de humer le piot en leur soubhaitant joye et santé.

Des estranges pays d'Utopie, où maistre

Alcofribas Nasier continue à voyaiger avecques Pantagruel et Panurge, il a tourné les yeulx vers la ville qui, pour luy, feut la première du monde, vers Chinon en Touraine, et la cave paincte aussi, où il a beu maintz voyrres de vin frais; et, sans en estre surprins, mais avecques délectation mirificque, a veu que ses folles ymaginations sont aujourd'huy realitez.

Car, de faict, Chinon, comme l'isle d'Odes en Utopie, a ses chemins qui cheminent. On y veoit ceste chose memorable, des chemins qui sont animaulx, chemins passans, chemins croisans, chemins traversans, et quand voyaigiers demandent :

« Où va ce chemin? »

On leur répond : « A Loudun en Loudunois » ou : « A Tours en Touraine. »

« Et cestuy-cy ? — A l'Isle-Bouchard, à « Avoine, à Beaumont-en-Véron, à Port-Boulet « et Chouzé. »

Et voyaigiers et habitans du pays, se guindans au chemin opportun, sans aultrement se poiner ou fatiguer, se trouvent au lieu destiné.

Aussi les chemins de son isle d'Odes, dont il feut l'inventeur, ne vouldroyt-il comparer à ces beaux chemins mouvans dont les alleures ont transmué son bon pays chinonois.

En mesme temps, l'honneur que luy faictes
de placer son ymaige sur la rive de la Vienne
luy espanouit la rate et esjouit le cueur, pour
ce que ce luy est preuve que Chinon, comme
aultres bonnes villes de la Respublicque françoise, a bien proufficté des impressions qui ont
esté inventées de son eage, par inspiration
divine, comme, à contrefil, l'artillerie, par sug-
gestion diabolicque; que toute la France est
pleine de gens sçavans, de précepteurs très-
doctes, d'excellens instituteurs, ny fredons, ny
fredondilles, et de librairies très-amples; que la
paix tant désirée est et sera consommée et
parfaicte, a fin que les anciens veoient leur
anticquité chenue refleurir en la jeunesse, et
ne se reputent totalement mourir, ains passer
d'ung lieu à ung aultre, attendu qu'en icelle
jeunesse et par elle ilz demeurent en leurs
ymaiges et souvenirs, visibles en ce monde,
vivant et conversant entre gens d'honneur et
amys, comme ilz souloyent.

La veue de son ymaige d'airain au mitant de
ses compatriotes et amys luy prouve aussi
qu'encouraigés à proufficter de bien en mieulx,
ilz se sont tirés des temps ténébreux et sentant
l'infélicité et calamité des gotz, magotz,
escargotz, hypocrites et botineurs; et que,

sans faire fy du vin pineau et de la dive bou-
teille, ilz ont progressé grandement vers la
dive lumière.

Ilz se sont débarrassez de chatz fourrez et
chatz fourrillons, de fredons et aultres bestes
malfaisantes, et iceulx fuyant, abhorrissant et
hayssant autant que faisoyt Rabelais, s'en trouvent bien et sont devenus bons Pantagruelistes,
vivant en paix, joye et santé, faisant toujours
bonne chière et ne se fiant jamais en ceulx qui
se sont déguisez ou masquez pour tromper le
monde et qui regardent par ung pertuys.

Adoncques, beuveurs infatiguables, mais dont
les registres du cerveau ne sont jamais brouillez
par la purée de septembre, de par maistre
Rabelais, duquel l'esperit vit et converse icy
avec ses bons amys pantagruelistes, je hume
le piot et je vuyde mon voyrre en soubhaitant
joye et santé à ses chiers Chinonois, Loudunois, fouaciers de Lerné et aultres telles bonnes
gens, à leurs pretieux et gracieux hostes, à la
paix consommée et parfaicte et au bon Gouvernement de la Respublicque.

II

LA MUSELIÈRE DE NOBLESSE

———

Ung mien compatriote Tourangeau,
plus illustre et plus noble d'esperit,
bien qu'il feut nay de roture, que
gentilzhommes, roys et empereurs
de France et de tout l'univers, le très docte
et très pretieux maistre François Rabelais,
de la Cave Paincte ès cité de Caynon ou
de Chinon, dans son LIVRE de haulte gresse
tout farcy de science, de sapience et de sophie, relate, parmy nombre de sçavans ou
folâtres ouvraiges qu'il avoit leus ou in-
ventés à plaisir, ung d'eux qu'il appelle LA
MUSELIÈRE DE NOBLESSE ; duquel ouvraige, amy

lecteur, vous trouverrez au long le tiltre au
chap. VII, liv. II de son Pantagruel a cousté de
la *Pantofla decretorum*, du *Moutardier de
Pénitence*, des *Poys au lard cum commento*,
des *Entraves de religion*, des *Fanfares de
Romme*, des *Hanicrochements des confesseurs*,
du *Masche-fain des Advocatz*, de la *Galimafrée
des Bigotz*, de la *Marmite des Quatre-temps*, du
Mortier de vie politicque, et de maintz aultres non
moins legiers au prochaz et hardiz à la rencontre.

Oncques n'ayant peu, maugré mon désir,
mettre main sur l'ouvraige cy-dessus cité,
lequel peult-estre n'a esté imprimé ny en
la noble ville de Tubinge ny en aulcune
aultre, néantmoins ay-je voulu chercher, en
prenant mon maistre Rabelais pour guide, les
choses absconses ès silene, c'est-à-dire petite
boyte pharmaceuticque, soubz cestuy tiltre :
La Muselière de Noblesse.

Or, congnoissant, pour les avoir souventes foys
leues et practicquées, les pensées libères et
honnestes de celuy qui feut l'inventeur et le
fondateur de l'abbaye de Thélème, je me suis
dict que dedans son Livre je trouverroys,
plus aisément qu'agueille dans une charretée
de foin, la signification de ceste Muselière de
Noblesse.

Noblesse, ou plustot disoyt ung vieil poete latin, Juvénal, *nobilité*, ne feut jamais égalité ne liberté, comme en pays et respublicque de Thélème ; mais bien au contraire orgueil et mepriz de roturiers, gens de negoce, gens de travail et paysans ; si que ceulx-cy estoyent par nobles considérez comme gens de peu, voyre mesme gens de rien.

Pour quoy Rabelais, en maintz endroictz les daube avecques grand'raison ces gentilzhommes grands ou petits, de hault ou de bas relief, qu'il appelle des JANSPILLHOMMES, d'ung mot a luy, lequel n'est pas de difficile et obscur entendement.

Adoncques il trouvoyt bon, et moi itout, que a ces janspillhommes feut mise une muselière pour les empescher de mordre, maltraicter, navrer et meurdrir bourgeoiz et manantz, paoures subjectz et paysans, deuement au commerce et à l'alme terre laborans et travaillans. De ce la preuve certaine je treuve dans maintes paiges de son LIVRE, où il se gausse des généalogies, armoiries, tiltres et noms de nobilité et de JANPILLHOMMERIE.

Avec les *Fanfreluches antidotées,* trouvées en ung monument anticque par Jean Audeau, en ung pré qu'il avoyt près l'arceau Gualeau, au-dessoubz de l'Olive, tirant à Narsay, se rencontra, ung peu broustée de ratz, belattes et aultres malignes bestes, et ce pendent plus entière que nulle aultre, l'anticquité et généalogie de Gargantua; exceptez celle du Messias, dont je ne parle, dict prudemment l'amy Alcofribas Nasier; car, il ne m'appartient; aussi les diables (ce sont calumniateurs) et Caphartz s'y opposent. — Emmy neuf flaccons en tel ordre qu'on assied les quilles en Gascoigne, celluy qui au milieu estoit couvroit ung gros, gras, grand, gris, joly, petit, moisy livret, plus mais non mieulx sentant que roses.

En icelluy feut la dicte généalogie, escripte au long de lettres cancellaresques, non en papier, non en parchemin, non en cere, mais en escorce d'ulmeau, tant toutesfoys usées par vetusté que a poine en pouvoit-on troys recongnoistre de ranc.

Je (combien que indigne) feuz appelé et a grand renfort de bezicles, practicquant l'art dont on peult lire lettres non apparentes, comme enseigne Aristoteles, la translatay, ainsi que veoir pourrez en pantagruelisant, c'est-a-dire beuvans a gré et lisans les gestes horrificques de Pantagruel.

Par ainsi bien gentilment le gentil Rabelais
se mocque de généalogies, et mesmement de
celles des roys et empereurs, lesquelles ne sont
paroles d'Évangile, quand il dict : Pleust a Dieu
que ung chascun sceut aussi certainement sa
généalogie depuys l'arche de Noë jusques a
cet eage. Je pense que plusieurs sont aujour-
d'huy empereurs, roys, ducz, princes et papes
en la terre, lesquelz sont descenduz de porteurs
de rogatons et de coustretz. Comme au
rebours plusieurs sont gueux de l'hostiere,
souffreteux et miserables, lesquelz sont descenduz de sang et ligne de grands roys et
empereurs, attendu l'admirable transport des
regnes et empires.

Des alliances et croisements de familles
nobles encore plus drolaticquement il se
gausse, quand il nous conte que lisant les
belles chronicques de ses ancestres, parmy
lesquelz feurent Hurtaly, beau mangeur de
souppes, qui feut en l'arche de Noë, Atlas,
Goliath, Polypheme, Fierabras, Engoulevent,
Galehaut, inventeur des flaccons, Vitdegrain et
Grandgousier, — le noble prince Pantagruel,
le bon maistre de Panurge, trouva que Geoffroy
de Lusignan, dit Geoffroy à la Grande Dent,
grand père du beau cousin de la sœur aisnée

de la tante du gendre de l'oncle de la bruz de sa belle-mère, estoit enterré à Maillezais.

Oultre ces estranges généalogies de noblesse, au chapitre des *Couleurs & livrée de Gargantua* il a monstré le cas qu'il fault faire aussi de ces livres où sont despainctz les hieroglificques signes de nobilité, tels que feut *le blason des couleurs*, dont l'on ne sçait quoy premier admirer en l'auteur, ou son oultrecuydance ou sa besterie.

Car, de faict, il s'est trouvé quelque reste de niays du temps des haultz bonnetz, lesquelz ont eu foy a ses escriptz, et selon icculx ont taillé leurs apophtegmes dictiez et devises, en ont enchevestré leurs muletz, vestu leurs pages, écartelé leurs chausses, brodé leurs guands, frangé leurs lictz, painct leurs enseignes.

En pareilles ténèbres sont comprins ces glorieux de Cour et transporteurs de noms, lesquelz voulans en leurs devises signifier espoir font pourtraire une sphère, des pennes d'oiseaulx pour poines, de l'ancholie, pour melancholie, la lune bicorne, pour vivre en croissant.

Il est advenu plus d'une foys que cuisiniers, chambriers et domestiques feurent la souche et l'orine de races nobles ou annoblies, comme il est bien deuement prouvé par la myrobolante hystoire de l'expédition de Pantagruel en l'Isle Farouche, sise dans l'océan Gallicque, et où regnoyt la noble dame Niphleseth, royne des Andouilles, lesquelles avoyent pour principal et plus grand ennemy Quaresmeprenant, et pour dieu tutelaire, en temps de guerre, Mardi-Gras, fondateur et original de toute race andouillicque.

A l'armée des Andouilles, Pantagruel, qui rompoyt andouilles au genoil, opposa son coronel Rifflandouille qui rifîloyt andouilles et son coronel Tailleboudin qui tailloyt boudins. Frère Jean des Entommeures estoit a la teste des preux et vaillantz cuisiniers, nobles, guaillardz, guallans, brusques et prompts au combat qui entrarent avecques luy dans la Truye de bois, faicte à l'imitation du Cheval de Troie.

Parmy eulx feurent Braguibus, Cabirotade, Carbonade, Maschelardon, Porc au Chou, Hoschepot, Brisepot, Bouillonsec, Moustardiot, Balafré et Galimafré et moult aultres preux faiseurs de saulses, dont le plus illustre feut Robert, inventeur de la saulse Robert, tant salubre et nécessaire aux connilz roustiz, canars, porc frais, œufs pochez, merluz sallez et mille aultres telles viendes.

Tous ces nobles queux portoyent, en leurs armoiries, en champ de gueulle, lardouere de sinople, fessée d'ung chevron argenté penchant a gausche.

En ces temps passez, quand y avoit grand'foison de roys et nobles, surtout de ceulx-cy, veu que roys en faisoyent a leur loisir et plaisir, et moyennant pecune, en beuvant et mangeant, en toussant et crachant, les peuples laborans et travaillans auroyent esté bien heureux et glorieux, si tout ce monde là n'avoyt, comme Panurge, Chastelain de Salmigondin en Salmigondinoys, despendu et dilapidé en quatorze jours les revenus certains et incertains de leurs chastellenies, et ce pour plusieurs années, en abatant boys, bruslant les grosses souches pour la vente des cendres, prenant argent d'avance et mangeant leur bled en herbe ; si que de leurs paoures subjectz prenoyent revenus et guains et les laissoyent ruinez et nuds dans leurs cacquerolières et leurs hannetonières.

De quoy justement se plainct maistre François lorsque d'Anarche, roy des Amaurotes, voulant faire ung homme de bien il le met a mestier de crieur de saulse verte.

Ces diables de roys, dict-il, ne sont que veaulx et ne sçavent ny ne valent rien, sinon à

faire des maulx ès paoures subjectz, et à
troubler tout le monde par guerre pour leur
inicque et detestable plaisir.

Dadvantaige, sans alleguer a ce propous les
hystoires anticques, seullement revocquant en
recordation de ce que en ont veu nos pères et
nous mesmes, si trop jeunes ne sommes, il
vitupere la manière d'entretenir et retenir pays
conquestez, laquelle ne doibt estre, comme ha
esté l'opinion erronée de certains esperitz
tyrannicques, à leur dam et deshonneur, les
peuples pillant, forceant, angariant, ruinant,
mal vexant et regissant avec verges de fer ;
brief, les peuples mangeant et devorant, en la
façon qu'Homère appelle le roy inicque
Demoboron, c'est-à-dire mangeur de peuple.

Pour les peuples manger, ces grands mangeurs a les ayder ne chôment jamais de nobles,
dont moins y a, mieulx cela vault.

Au temps de mon amy Rabelais, noblesse
essaimoyt en l'*Isle Sonnante*, qui est en mer
italicque et ultramontaine, et la peuployt
d'oiseaulx de passaige laissans pères et mères,
tous amys et tous parens, pour devenir clergaux.

La manière estoit telle : quand en quelques
nobles maisons y avoit trop d'enfans, soyent
masles, soyent femelles, de sorte que qui a

tous part feroit de l'heritaige (comme raison
le veult, nature l'ordonne et Dieu le commande)
les maisons seroyent dissipeez; c'est l'occasion
póur quoy les parens s'en deschargent en
l'Isle Sonnante où regnent Papegaut, Cardingaux, Evesgaux avecques toute leur bande de
clergaux et oiseaulx empennés de beau pennaige.

De tous ces propous je concludz que si
maistre François Rabelais n'a pas de toutes
pièces fabricqué la *Muselière de noblesse*, il a
dans ung bon combat contre l'ignorance, mère
de tous les maulx, vaillamment et grandement
aydé a museler les mangeurs de peuples, ou du
moins a préparer la forte muselière dont ils
feurent depuys muselez.

D'aultres après luy y ont travaillé de force
et de si grand ahan qu'ils y ont despendu leurs
vies ; mais en riant et se guabelant et en
faisant rire, ainsi que fist dans ung aultre
siècle ung aultre admirable bon homme, maistre
Pocquelin, il a contribué a nous donner a penser
et a croire, comme incontestable vérité, que
foy de pieton vault bien — sinon mieulx, —
foy de gentilhomme, de chevalier et de marquis.

La noblesse et chevalerie qu'il a créée et dont
il a aorné la cour du roy Picrochole, — le
seigneur de Trepelu, le grand escuyer Touc-

quedillon, les ducs de Raquedenare, de Tourne-moule, de Menuail, de Basdefesses et de Laroche-Clermault ; le prince de Gratelles, le comte Spadassin, le vicomte de Morpiaille, les capitaines Tripet et Merdaille, l'escuyer Prelinguand, les seigneurs de l'Olive, de Vaugaudry, des Bourdes, de la Villaumere, de Croullay, de Brisepaille, de Humevesne et de Baisecul, pas plus que ceux de Quinquenais et de Salmigondin en Salmigondinoys, n'ont, a nostre congnoissance, laissé de lignée et heritiers authenticques, munis de parchemins, de généalogies cancellaresques et de blasons descriptz par Segoing ou d'Hozier.

Mais bien s'est réalisée la prognostication d'Alcofribas Nasier, que nombreux transporteurs de noms, oubliant ceulx de leurs pères et ancestres, bourgeoiz, paysans et villains, s'affubleroyent de noms et particules prins dans les parchemins de quelques manoirs et agrestes bicoques, et que, comme depuys l'a dict messire Boileau des Préshaultz :

> Les eust-on veus porter la mandille à Paris,
> N'ayant de leur vray nom ny tiltre ny memoire,
> D'Hozier leur trouverroit cent ayeux dans l'hystoire.

De gentilhommerie desormais le peuple laborant et travaillant n'a cure, depuys que, de par le droict et la nouvelle loy, a tous enfans, soyent masles, soyent femelles, part est faicte des heritaiges (comme raison le veult, nature l'ordonne et Dieu le commande) et comme le vouloit desja en son temps le bon et saige Rabelais.

Les nobles aujourd'huy, pour autant qu'il en reste, qu'ilz soyent de la Camelotière et d'Estrocz ou de vraye anticque orine, sans contamination de roture et de sang meslé par aïeules peu pudicques, ainsi que feurent quelques-unes, lesquelles ont esté vilipendées par Paul-Louis, Tourangeau, ne sçauroyent estre appelez JANSPILLHOMMES.

Il n'y a plus de Janspillhommes que Ruffians et chevaliers d'industrie.

Il n'est plus de noblesse sinon de vertu d'honnesteté et de couraige, et le peuple libere, maistre et seigneur, chascun chez soy, dans ses hunnetonières, — Je vueil dire dans ses maisons et propriétez, — peult sans dangier mettre en ung museum, avecques ses anticques bouquins et ferrailles, près du fameux engin préservateur de la vertu des dames, LA MUSELIÈRE DE NOBLESSE.

Chénehutte-les-Tuffeaux, le vingt-neuviesme jour du moys d'aoust MDCCCLXXXIII.

III

LA DIVINE COMÉDIE

PARABOLES DE L'ÉVANGILE... SELON RABELAIS

LE vieil poete florentin Dante Alighieri ha mis en scene les personnaiges de sa *Divine Comédie* ès pays imaginaires et supernaturels d'Enfer, de Purgatoire et de Paradis ; nostre Rabelais, escripvant ses mocqueries, folatreries et gaudisseries non en vers mais en oraison solue et en bon languaige françois vulgaire, et contant ses Chronicques gargantuines, ses voyaiges et navigations de Pantagruel et de Panurge, n'est poinct monté si hault, et jamais ne s'est eslevé audessus de ceste terre, mesme quand il reveloyt doctrine absconse, très haultz sacremens et mystères horricfiques, tant en ce qui concerne nostre religion, que aussi l'estat politicque et vie œconomicque.

Neantmoins, a bon droict et juste raison se peult appeler *divine* sa *comédie,* bien que ses imaginations demeurent en la terre, mesme lorsque elles vagabondent ès mers et pays imaginaires, tels que Meden, Uden, Gelasin, Utopie, et Isles des Phées, des Andouilles, de Papefiguiere et de Papimanie ; car, de faict, il met en scène et faict jouer, comme marionnettes, dont il tire les fils et ficelles, les personnaiges divins, c'est-à-dire reputez Dieux, demi-dieux et sacrosaintz sus terre.

Dans son Livre seigneurial, plein de substantificque mouelle, Evangile philosophicque de libres pensers et de gens liberes, bouffonnant et allégorisant, il a semé allégories et paraboles qui ne sont poinct fariboles, mais bien realement doctrine et enseignement de vérités humaines, meilleures que celles qu'enseigne comme venant du ciel, toute la hideuse, morveuse, caterrheuse, vermolue et patepelue cagotaille, laquelle par dieu avoyt moins estudié en philosophie morale et naturelle que sa mulle, et, au reguard des lettres d'humanité et congnoissance des anticquitez et hystoires, en estoyt chargée comme ung crapault de plumes.

Aujourd'huy, au rebours de ces diables engip-
ponnez (c'est-à-dire de ces calumniateurs enfro-
quez), qui voyans nombreux lecteurs en fervent
appetit de lire ses escriptz, crachoyent dedans le
bassin et villainement dedans le plat, c'est-à-dire
les descrioyent et calumnioyent pour que personne ne les eust et ne les leust, tous les doctes
et francs beuveurs, tous les honnestes et joyeux
philosophes, que les vieulx quartiers de lune
adjugez aux caphardz, cagots, papelardz, chatte-
mites, n'ont pas renduz lunaticques, les lisent
et existiment comme belle chose louée des
gens louables. D'aulcuns mesme y ont prins
tel goust et plaisir qu'ilz en ont faict leur *vade
mecum* et leur bréviaire ; et ilz riroyent a ventre
deboutonné si certains caputions, a l'exemple
de Pythagoras, leur deffendoyent et interdi-
soyent l'usaige et mangeaille de febves, c'est-
à-dire lecture des livres de Pantagruelisme. De
beaucoup ilz les préfèrent aux livres du repertoire de la Librairie de Sainct Victor, et notam-
ment à la *Biga salutis*, au *Peloton de Théologie*,
aux *Hanebanes des Evesques*, aux *Fanfares de
Romme*, à la *Crocquignolle des Curez*, à la
Coqueluche des Moines, à la *Patenostre du
Cinge*, aux *Pettarades des Bullistes*, au *Ravas-
seur des cas de conscience*, voyre mesme aux

Sacres Décrétales, et aultres questions subti-
lissimes et *barbouillamenta* de pareille farine ;
ce qui est preuve certaine et évidente que de
meshuy peu de reliques restent de capharderies
et siecles gothicz.

PAPEGAUT ET L'ISLE SONNANTE

De tous les personnaiges jouez dans les divers actes de la Divine Comédie de François Rabelais, audessus de ceulx qui, sur terre, ne servent que d'umbre et de numbre, baislant aux mouches et chauvans des aureilles comme asnes d'Arcadie, et par anciens historiens passez soubs silence, le plus illustre et le plus hault en ranc est le divin Papegaut.

Ce que feut Papegaut, demandez-le aux quatre ambassadeurs de l'Isle des Papimanes, envoyez en ung esquif vers la nauf de Pantagruel !

« Incontinent qu'ilz feurent joinctz à nostre
« nauf, s'escriarent a haulte voix tous ensemble,
« demandant :

« — L'avez-vous veu, gens passagiers ? L'a-
« vez-vous veu ?

« — Qui ? demandoit Pantagruel.

« — Celluy-la, respondirent-ilz.

« — Qui est-il? demanda Frère Jean. Par la
« mortbeuf, je l'assommeray de coups ; pensant
« qu'ilz se guementassent de quelque larron,
« meurtrier ou sacrilége.

« — Comment, dirent-ilz, gens peregrins,
« ne congnoissez-vous l'UNICQUE ?

« — Seigneurs, dit Epistemon, nous n'en-
« tendons telz termes. Mais exposez-nous, s'il
« vous plaist, de qui entendez, et nous vous
« en dirons la vérité sans dissimulation.

« — C'est, dirent-ils, CELLUY QUI EST. L'avez-
« vous jamais veu ?

« — Celluy qui est, respondit Pantagruel,
« par nostre Théologicque doctrine, est Dieu.
« Et en tel mot se declaira à Moses. Oncques
« certes ne le veismes, et n'est visible à oeilz
« corporelz.

« — Nous ne parlons mie, dirent-ilz, de
« celluy hault Dieu qui domine par les cieulx.
« Nous parlons du Dieu en terre. L'avez-vous
« oncques veu?

« — Ils entendent, dist Carpalim, du Pape,
« sus mon honneur.

« — Ouy, ouy, respondit Panurge, ouy, dea,
« messieurs, j'en ay veu troys, a la veue
« desquelz je n'ay guère proufficté...

« — O gens, dirent-ilz, troys et quatre foys

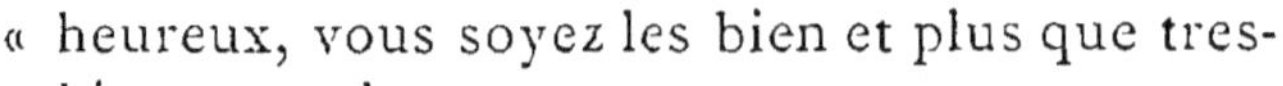

« heureux, vous soyez les bien et plus que tres-
« bien venuz !

« Adoncques s'agenoillarent devant nous, et
« nous vouloyent baiser les piedz. Ce que ne
« voulusmes permettre, leur remonstrans qu'au
« Pape, si là de fortune en propre personne
« venoit, ilz ne scauroyent faire dadvantaige.

« — Si ferions, si, respondirent-ilz. Cela est
« entre nous ja résolu. Nous luy baiserions...
« aultre chose. »

A la proclamation de leurs ambassadeurs
criant : Ilz l'ont veu ! Ilz l'ont veu ! Ilz l'ont
veu ! les bonnes gens de Papimanie vindrent
en procession, hommes, femmes, petitz enfans,
et s'agenoilloyent levans les mains joinctes au
ciel et crians : O gens heureux ! O bien heureux ! Et dura ce cry plus d'ung quart d'heure.

Puys y accourut le maistre d'eschole, avecques
tous ses pedagogues, grimaulx et escholiers, et
les fouettoit magistralement, comme on souloit
fouetter les petitz enfans en nos pays quand on
pendoit quelque malfaiteur, affin qu'il leur en
soubvint.

Telle estoit, de faict, la coustume et methode
d'instruction cléricale et papimanique en l'in-
clyte Eschole de Sainct-Martin de Tours, de
fouetter petitz enfanz *ad memoriam*, pour

qu'ilz se soubvinssent d'événements majeurs, telz que l'installation d'ung maire en la Mairie de Tours, ou, comme le relate un vieil aucteur, la merveilleuse pesche d'ung esturgeon en Loire, dans les eaux et pescheries de messieurs les chanoines de Sainct-Martin.

Ces fouetteries faschoyent griefvement le bon Pantagruel qui dist aux pedadogues et grimaulx Papimanes : Messieurs, si ne desistez fouetter ces enfans, je m'en retourne.

Voicy comment Pantagruel et ses joyeux compaignons avoyent eu le bonheur de veoir Papegaut en leurs voyaiges et navigations, ce pour quoy ilz feurent si guorgiasement et magnificquement reçeus par le peuple des Papimanes en l'Isle de Papimanie, et par leur sainct evesque Homenaz.

Ayant navigué troys jours sans rien découvrir, au quatriesme apperçeurent terre, et leur feut dict par leur pilot que c'estoyt l'Isle Sonnante ; et entendirent ung bruit de loing venant, frequent et tumultueux, et leur sembloyt à l'ouyr que ce feust grand trinqueballement de cloches. Plus approchant, plus entendoyent ceste sonnerie renforcée, si que doubtoyent que feust Dodone avec ses chaulderons, ou trimballement de paesles, chaulderons, bassins,

cymbales corybanticques de Cybele, faict par
le voisinaige pour revocquer quelque com-
paignie d'abeilles ayant commencé prendre vol
en l'aer.

En ceste Isle Sonnante, habitée par oiseaulx
de pennaiges variez, grandz, beaulx et poliz
a l'advenant, beuvans et mangeans comme
hommes, de prime face eussiez dict que, les
habitans feussent hommes. Mais toutes foys
ne l'estoyent mye; et leur pennaige mettoyt
Panurge en resverie, lequel aulcuns avoyent
tout blanc, aultres tout noir, aultres tout gris,
aultres miparty de blanc et noir, aultres tout
rouge, aultres party de blanc et bleu. C'estoit
belle chose de les veoir. Les masles se nom-
moyent clergaux, monagaux, prestregaux, abbe-
gaux, evesgaux, cardingaux et Papegaut qui est
unicque en son espèce. Les femelles se nom-
moyent clergesses, monagesses, prestregesses,
abbegesses, evesguesses, cardingesses, pape-
gesses. Tout ainsi toutes foys, comme entre
abeilles hantent les freslons, qui rien ne font
fors tout manger et guaster, de tous ilz estoyent
refuiz. Car tous avoyent le col tors, les pates
pelues, les gryphes et ventre de harpies, et
n'estoit possible les exterminer; pour ung mort
en advoloit vingt-quatre.

De ces oiseaulx, les caiges estoyent grandes
riches, somptueuses, et faictes par merveilleuse
architecture.

Des prestregaux naissent les evesgaux, d'iceulx
les beaulx cardingaux, et les cardingaux, si
par mort n'estoyent prevenuz, finissoyent en
Papegaut; et n'en est ordinairement qu'ung,
comme par les ruches des abeilles n'y ha qu'ung
roy, et au monde n'est qu'ung soleil. Icelluy
decédé, en naist ung aultre en son lieu de
toute la race des cardingaux, entendez toujours
sans copulation charnelle. De sorte qu'il y ha
en ceste espece unité individuale, avecques
perpétuité de succession, ne plus ne moins
qu'au Phenix d'Arabie.

Vray est qu'il y ha deux mille sept cens
soixante lunes que feurent en nature deux
papegaux produictz, mais ce feut la plus grande
calamité qu'on veit onques en ceste isle. Car,
tous ces oiseaulx icy se pillarent les ungs les
aultres et s'entrepelaudarent si bien que l'isle
periclita d'estre spoliée de habitans. Part
d'iceulx adheroyt a ung et le soutenoyt, part a
l'autre et le deffendoyt. Ce seditieux temps
durant, a leur secours evocquarent empereurs,
roys, ducz, monarques, comtes, barons et com-
munautez du monde qui habitent en continent

et terre ferme, et n'eut fin ce schisme et ceste
sedition qu'ung d'iceulx ne feust tollu de vie,
et la pluralité reduicte en unité.

En ceste Isle Sonnante où ne sont que caiges
et oiseaulx, ceulx-cy ne labourent, ne cultivent
la terre. Toute leur occupation est gaudir,
gazouiller et chanter a perpetuelle sonnerie de
cloches. De tout l'aultre monde, exceptez-moy
quelques contrées de regions aquilonaires et
héréticques, leur vient ceste corne d'abundance
et copie de tant de biens et frians morceaulx.
Mesmement de la benoiste Touraine, ou Tou-
rangeaux oncques ne feurent de mauvailse pie
couvez, tant et tant de biens annuellement leur
venoyent, que leur feut dict ung jour par gens
du lieu par là passans, que le duc de Touraine
n'avoit en tout son revenu de quoy son saoul
de lard manger, par l'excessifve largesse que
ses predecesseurs ont faicte à ces sacro-sainctz
oiseaulx, pour en l'Isle Sonnante de phaisans
les saouler, de perdreaulx, de gelinotes, poulles
d'Inde, gras chappons de Loudunois, venai-
son de toutes sortes, et toutes sortes de gibier.

Quand le ciel seroit d'airain et la terre de
fer, encores vivres ne leur fauldroyent, feust-ce
par sept, voyre huyct ans, plus longtemps que
ne dura la famine en Egypte.

A Papegaut, au temps de Panurge, permiz
et licite estoit porter armet en teste, timbré de
tiare persicque, et tout l'empire christian estant
en paix et silence, luy seul guerre faire felonne
et tres cruelle, surtout a rebelles, héreticques,
protestans, desesperez, non obeissans à la
saincteté de ce bon dieu en terre, comme
l'appeloit Homenaz, evesque de Papimanie,
lequel adjoustoyt : Cela luy est non seullement
permiz et licite, mais commandé par les sacres
decretales ; et doibt a feu incontinent empereurs, roys, ducz, princes, republicques, et a
sang mettre, qu'ilz transgresseront ung iota de
ses mandemens ; les spolier de leurs biens, les
déposséder de leurs royaulmes, les proscripre, les
anathematiser, et non seullement leurs corpz,
et de leurs enfants et parens aultres occire,
mais aussi leurs ames damner au parfond de la
plus ardente chauldiere qui soyt en enfer.

Au tesmoingnage de Panurge, en l'Isle Sonnante et en la cour et caige papegautale, y
avoit abbegesses a blanc plumaige et dames
oyselles coinctes et jolyes, bien valant chascune
ung péché ou deux.

Papegaut par nature est a veoir ung peu
difficile et ne laisse facilement a tous venans
baiser sa mulle, source divine d'*emulgentiarum,*

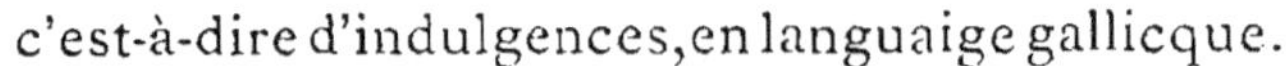

c'est-à-dire d'indulgences, en languaige gallicque.

Toute foys ordre feut donné que le peussent
veoir Pantagruel, Panurge, Rhizotome et leurs
bons compaignons ; et a l'heure où l'on leur
dist Papegaut estre visible, on les mena en
tapinoys et silence droict a la caige en laquelle
il estoyt accroué, accompaigné de deux petitz
cardingaux et de six gros et gras evesgaux.
Panurge curieusement considerant sa forme,
ses gestes et son maintien, s'escria a haulte
voix, fort irreverencieusement : En mal an soyt
la beste, il semble une duppe.

Parlez bas, dist Editue-sacristain, leur con-
ducteur ; de par dieu il ha aureilles. Si une
foys il vous entend ainsi blasphemant, vous
estes perduz, bonnes gens. Voyez-vous la
dedans sa caige ung bassin ? D'icelluy sortira
fouldre, tonnoirre, esclairs, diables et tempeste,
par lesquelz serez cent piedz soubz terre
abysmez.

Ne peurent obtenir Panurge et ses amys le
faire quelque peu chanter, affin d'ouyr son
harmonie, parce qu'il ne chante qu'a ses jours
et ne mange qu'a ses heures.

S'en retournans de l'audience de Papegaut,
ilz apperceurent ung vieil evesgaut a teste verde
lequel estoit accroué, accompaigné d'ung souf-

flegan (que nous appelons aussi suffragant)
lesquelz ronfloyent soubz une feuillade, pendant qu'une jolye abbegesse se rompoyt la teste
a force de chanter. Pour eveiller le gros villain
evesgaut, qui ronfloyt au lieu d'ecouter les
chants de la belle abbegesse, Panurge sonna
une cloche pendente sus sa caige, et comme,
quelque sonnerie qu'il feist, plus fort ronfloyt
evesgaut, point ne chantoyt, le hardy compere
dist : Vieille buze, par ung aultre moyen bien
chanter je vous feray. Adoncques print une
grosse pierre, le voulant ferir par la moitié.

Mais Editue-sacristain s'escria : Homme de
bien, frappe, feriz, tue et meurdriz tous roys et
princes du monde, en trahison, par venin, ou
aultrement quand tu vouldras ; deniches des
cieulx les anges, de tout auras pardon de
Papegaut ; a ces sacrez oiseaulx ne touches,
d'autant qu'aymes la vie, le proufict, le bien,
tant de toy que de tes parens et amys vivans
et trespassez : encores ceulx qui d'eulx apres
naistroyent en seroyent infortunez. Considère
ce bassin.

C'estoit bassin à fouldre, tonnoirre, esclairs,
diables et tempeste, par lesquelz sont, cent
piedz soubz terre, hereticques et gens de
maulvaise pie couvez abysmez.

Si en ceste Isle Sonnante, sainct-siège de Papegaùt, est la plus grande perchée d'oiseaulx sacrez, vivans et festoyans de revenuz de sonnerie, d'iceulx se rencontrent d'aultres especes, foisonnans en divers pays, telz que l'Isle de Tapinoys, en laquelle regnoit Quaresmeprenant, ennemy des Andouilles, grand lanternier, confalonier des ichthyophages, dictateur de Moutardoys, fouetteur de petitz enfans, calcineur de cendres, pere et nourrisson des medicins, foisonnant en pardons, indulgences et stations; homme de bien, bon catholic, de grande devotion. Les alimens desquelz il se paist sont aubers sallez, morions sallez et salades sallées.

Toute la race de l'Isle de Tapinoys, dont est seigneur Quaresmeprenant, feut enfantée par Antiphysie, laquelle de tout temps est partie adverse de Physis, — c'est Nature, — de soymesme grandement feconde et fertile, et mère de Beaulté et Harmonie. C'est Antiphysie qui, au contraire, engendra les matagotz, cagotz et papelars, les maniacles Pistoletz, les demoniacles Calvins, imposteurs de Geneve, les enraigez Putherbes (moyne de Fontevrault), briffaulx, caphars, chattemittes, canibales et aultres monstres difformes et contrefaictz en despit de nature.

Foin! de l'Isle de Tapinoys et de Quaresmeprenant qui jamais ne se trouve aux nopces.
Combien plus de sagesse y ha en la sentence
non canonicque du philosophe Diogenes. Inter-
rogé a quelle heure doibt l'homme repaistre,
il respondit : Le riche, quand il aura faim ; le
pauvre, quand il aura de quoy.

Et non moins saige est le proverbe commun
que repetoyt Panurge :

> Le mal temps passe, et retourne le bon
> Pendant qu'on trinque autour de gras jambon.

Par le bon vin, friant et delicieux, sont hault
eslevez les esperitz des humains ; c'est ce que
enseigne bonne et plaisante philosophie panta-
gruelicque, plus saige que toutes les decretales,
extravagantes ou aultres.

En ceste philosophie n'est aucune tare ne
tache de l'hypocrisie qui se rencontre, meslée
a un tas de billevezées et de superstitions,
dedans les isles où l'on se repaist des revenuz
de sonnerie et patenostres, comme en ceste
belle isle de chien de Chaneph, hantée par
hypocrites, hydropicques, patenostriers, chattemittes, santorons, cagotz, hermites, tous
paoures gens, vivans (comme l'hermite de Lor-

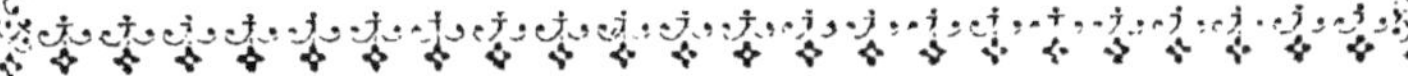

mont, entre Blaye et Bourdeaulx) des aulmones
que les voyaigiers leur donnent.

Sans multiplication de lignée, feut, longtemps
y ha, l'Isle de Chaneph deserte et désolée ; et
quand premièrement y vinrent habiter hypocrites, hermites et marmiteux, on se demandoyt
s'ilz estoyent vierges ou mariez, s'il y avoit du
feminin genre ; mais Xenomanes atteste qu'au
temps où Pantagruel y aborda, la estoyent
belles et joyeuses hypocritesses, chattemittesses,
hermitesses, femmes de grande religion, et
aussi y avoit copie de petitz hypocritillons,
chattemittillons, hermitillons ; a tous lesquelz
Pantagruel envoya par Gymnaste dedans l'esquif son aulmosne :

SOIXANTE ET DIX-HUYCT MILLE BEAULX PETITZ
DEMYS ESCUZ A LA LANTERNE.

Dans ces propous, paraboles et confabu-
lations que j'emprunte a l'amy Rabelais, si
certains misanthropes, agelastes, hypocrites,
tors cols et patepelues recongnoissoyent scin-
tille aulcune d'héresies, je n'en aurois cure,
car héresie veult dire en grec choix, et de
meshuy a ung chascun est permiz et licite de
faire choix de telle doctrine qu'il estime meil-

leure ; et n'y ha plus de boys sec amassé pour
fagots entasser, et le feu allumer pour brusler
hereticques, philosophes et mal croyants, ny
mesme leurs livres. Le bassin de l'*Unicque,* du
Dieu en terre des Papimanes, n'a plus ny foul-
dres, ny tonnoirres, ny esclairs qui fassent
trembler de male paour aultres que les romi-
petes, pelerins, oiseaulx noirs, blancs et gris.
Presentement, hors toute intimidation et crainte
de calumniateurs, inquisiteurs et diables engip-
ponnez, chascun peult mettre sa plume au
vent ; par sainct Treignan et sainct Panigon,
m'est avis que je puys dire aux cerveaulx a
bourlet, grabeleurs de correction qui des-
crieroyent et condamneroyent mes paraboles
rabelaisianes, ce que, longtemps y ha, leur
disoit mon bon maistre Alcofribas Nazier :
Arrière, cagotz ! Aux ouailles, mastins ! Hors
d'icy, caphartz, de par le diable, hay !

Dadvantaige, s'ilz m'eschauffoyent les aureilles, pourrois-je, renonçant ma part de
Papimanie, les faire de nouveau happer par Panurge, pour leur donner sanglades d'estrivières.

Leur regne et gouvernement est bien finy,
depuys qu'en nostre pays, devenu pays d'équa-
lité reelle et de liberté, on ne fouette plus
petitz enfans pour leur refraischir la memoire,

mais de desert en grande partie qu'il estoit et
entenebré d'ignorance, mère de tous les maulx,
s'est peuplé et aorné d'artisans liberes et in-
struicts de tous mestiers, et de professeurs de
toutes sciences libérales ; de sorte que le peuple
aultre seigneur ne congnoyt, recongnoyt, ad-
voue et ne sert que luy-mesme.

Chênehutte-Les-Tuffeaux, le troysième jour du moys de la
purée septembrale MDCCCLXXXIII.

BEROALDE DE VERVILLE

CHANOINE DE SAINT-GATIEN DE TOURS

E l'*Eschole pantagruelique* de Rabebais
un des plus fervents disciples fut le
bonhomme Beroalde 'de Verville,
chanoine de Saint-Gatien de Tours,
auteur du MOYEN DE PARVENIR, *œuvre conte-
nant la raison de tout ce qui a été, est & sera.*

Au dire du gay chanoine qui le transcrivit et
le compila pour notre avancement en toute
sagesse, mêlant sans distinction glose et texte,
annotations, apostilles et interpretations, le
principal mot du guet du *Moyen de parvenir*
est d'avoir de l'argent : aux moines pour se
soûler et besogner leur soûl ; aux gentilhommes

pour paroitre ; aux ambitieux pour se faire
mistigorifier, comme petits démons au plet
d'une pelle ; et aux autres, pour avoir du con-
tentement, en vérité, et non en songe.

Bien qu'il prétende, le digne homme, que
les textes et mémoires de son livre soyent
mêlés de toute sapience, moyens, éléments et
enseignements a bien vivre, et conseille aux
dames, qui ont les oreilles chatouilleuses, de
peur de rire, de le lire tout bas ou de nuit,
durant laquelle la honte dort, je ne sçaurois,
pour ma part, les encourager a suivre ce
conseil canonique.

Car, quoi qu'en dise le joyeux chanoine
tourangeau, son livre n'est pas un globe
d'infinie doctrine, tout farci de science misti-
gorique et concluante, mais une *olla-podrida,*
un pot-pourri ressemblant a l'écuelle du père
Guyon.

Ce bonhomme Guyon, à l'âge de cent ans,
se mit a vivre *capuchinement.* Il avoit été page
de chez le roi ; puis il étudia, fut à la guerre,
se fit cordelier, s'en retira pour être huguenot,
se fit savant, devint ministre, mangea tout, puis
se mit a demander sa vie. On lui donnoit de
tout ce qu'il lui falloit, qu'il mettoit en son
écuelle, pain, chair, soupe, potage, vin, sert,

dessert ensemble. Et on lui disoit : « Pourquoi ne mangez-vous et buvez-vous d'ordre et à part ? »

« — Ha, ha, disoit-il, lourdaud, mon ami, puisqu'ils se doivent mêler au ventre, il n'y a point de danger de lui envoyer tout déjà mêlé.»

De même, Beroalde de Verville, par la raison que tout devant être mêlé en notre cervelle, tout lui doit être baillé et servi mêlé, a mis et rebrassé dans son écuelle, — c'est-à-dire dans son livre — beaucoup de choses sales que les dames, aux oreilles les moins chatouilleuses, et à la bouche la moins fine et délicate, ne pourroient ouir et avaler sans rougir.

Aussi le *Moyen de parvenir,* cette écuellée de grivoiseries et de gauloiseries archisalées, de crudités et de nudités sans voiles ni chemises, n'est-elle ni un *banquet* de pure philosophie, comme celui de Platon, ni mesme d'os medullaires, assaisonnés de fines drogues de bien plus grande valeur que promettoit la boyte, paincte pour exciter le monde à rire, tels que les servit maistre Rabelais.

Cependant, comme il est dit que dans les immondices et le fumier d'Ennius, il se rencontroit quelques perles, de mesme dans le *Moyen de parvenir* du chanoine de Sainct-

Gatian de Tours, il se trouve moult jolis contes
et naïfves peintures des mœurs de ce bon vieux
temps, regretté par de bonnes âmes qui n'en
ont jamais connu et scruté le parfond.

Particulièrement, à l'exemple du curé de
Meudon, le chanoine Beroalde de Verville, qui
connoissoit bien ses congénères ecclésiastiques,
chanoines et moines, a levé le voile et la robe
qui cachaient leurs vices et les revêtoient, aux
yeux des ignorants et des dévots, des apparences
de la vertu et de la sainteté.

Sa conclusion, si toutefois on en peut
trouver une dans son livre, est-elle celle-ci :
« Or çà, mes bons amis, vivons en liberté » ?
Je l'ignore, de même que je ne pourrois
affirmer qu'il fut ou ne fut pas athéiste. Il ne
se défend pas trop de cette accusation qui
menoit droit au tas de fagots.

« On m'a dit, dit-il, qu'il y a quelques
« malotrus qui ont dit : Voici des traits
« d'athéiste ! — Endà je n'en sais rien ; je m'en
« rapporte à eux. Si j'ai rencontré à dire
« leur naïveté, ça été sans le savoir. Je joue au
« colin-maillard ; je prends ce que je trouve. »

A ceux qui l'accusent d'être un moqueur, un
contempteur, Beroalde de Verville répond que
les *bonnes religieuses* diront de lui : « Il est

bonhomme, il taxe les vices d'une belle façon. »

Il procède de Rabelais, qu'il imite et dont il a peut-être copié quelques manuscrits égarés ; car il nomme aussi son *Moyen de parvenir* LE LIVRE, en grosses lettres, comme le cardinal du Bellay appeloit celui de Rabelais ; c'est un precieux mémorial, un joyeux repertoire de perfection, une affiloire de bonnes grâces, un breviaire unique de résolutions universelles. Il invite les sectateurs de vraies vertus cardinales, gens haïs de l'oisiveté, qui aiment mieux s'amuser à boire que penser à mal ou perdre le temps inutilement, a empoigner son volume ; *volume* dit à cause de la verité qu'il contient.

« De tous bons volumes, cettui-ci est le « breviaire, ainsi dit et nommé par plusieurs « raisons. C'est qu'il est bref et qu'en peu de « paroles il enseigne toutes sciences. *Item*, « breviaire est un livre ordinairement gras ; « et, par application, on s'engraisse au moyen « de l'usage de cettui-ci. Le breviaire donne « l'appétit et l'aiguise ; cettui-ci l'entretient et « le fortifie. Le breviaire fait gagner la vie à « ceux qui s'en aident : cettui-ci la fait trouver « toute gagnée. »

Pour établir le mérite de son *Moyen de*

parvenir, dont il fait le plus pompeux éloge, il invoque le témoignage et l'autorité du « père « Rabelais le docte, qui fut medecin du « cardinal du Bellay ; et je le mets ici en avant, « ajoute-t-il, parce que les substances de ce « present ouvrage et enseignements de ce livre « furent trouvées entre les menues besognes « de la fille de l'auteur. »

Qu'il ait copié ou imité le curé de Meudon, le chanoine de Saint-Gatien de Tours, qui joue à colin-maillard, prenant ce qu'il trouve sous sa main, belles et bonnes perles ou fumier, paillettes d'or fin ou bourriers et ordures, qu'il fourre pêle-mêlés dans son volume, est aussi un épicurien et un sceptique, imbu de Pantagruelisme, dont les élucubrations diffuses et decousues sont semées de traits dirigés contre les hypocrites et fanatiques, papistes ou huguenots, qui font metier de religion, et de leur devotion se font une arme pour blesser, persécuter et même occire les incrédules. Ce n'est pas à ces miserables devoyés, mais aux gens sans fard, aux enfans de la science, aux fils des sages et heureux, prédestinés a trouver la lanterne de discretion et la lampe de béatitude, qu'il livre le secret de son recueil de mystères authentiques.

« Je vous dirai un grand secret, et puis
« l'autre ; c'est que vous ne trouverez point
« en ceci du truandage de pedantisme, comme
« ès-autres livres de vetilles, pleins de ravau-
« dage de folle doctrine qui n'apporte point a
« diner. Et davantage, je vous dirai le secret
« des secrets ; mais je vous prie, afin qu'il soit
« secret, de vous embéguiner le museau du
« cadenas de Taciturnité, et écoutez : CE LIVRE
« EST LE CENTRE DE TOUS LES LIVRES. Voila la
« parole secrète qui doit etre découverte du
« temps d'Hélie, artiste, ainsi que disent les
« alquemistes.

« Tenez-le fort caché, et vous gardez des
« pattes pelues de ces enfarinés qui gour-
« mandent la science et l'emplîssent d'abus ;
« étrangez-vous de ces pifres présomprueux,
« qui, voyant les bonnes personnes désireuses
« de se calfeutrer le cerveau d'un peu de bonne
« lecture et profitable, s'en scandalisent ;
« chassez ces écorcheurs de latin, ces écar-
« teleux de sentences, maquereaux de passages
« poetiques, qu'ils prodiguent et prostituent à
« tout venant ; gardez-vous de ces entrelardeurs
« de théologie allégorique, de ces effondreux
« d'arguments et de tous ceux qui aiguisent
« les remontrances sur la meule d'hypocrisie.

« Fuyez telles bêtes et ne leur communiquez
« point ce rare trésor; ains, le commettez à
« gens de bien, comme gens de bien ont pris
« la peine de vous le donner, non pour en
« abuser... Ceux qui parlent d'abuser de ce qui
« peut servir, ne l'entendent pas...

« J'en atteste la pantoufle du pape, que je
« dis vrai. »

Ni enragé papiste, ni farouche huguenot, le
joyeux chanoine laisse les jesuites disputer avec
Calvin pour voir qui sait le mieux entre eux
la religion... du Turc, c'est-à-dire Turcisme;
il n'aime pas les buveurs d'eau ni ceux à qui il
ne faut qu'un texte, et même un prétexte
« pour faire brûler beaucoup de pauvres gens».
Sa religion est celle de Rabelais et de Pantagruel, sa doctrine catholique consiste surtout
à bien boire.

« O Suisses heureux ! dit-il; ne changez
« point vos coutumes à celles du Turc, qui ne
« boit que de l'eau. Boire du vin, c'est être bon
« catholique. Y mettre trop d'eau est se sentir
« d'hérésie. Ne boire que de l'eau, et avoir le
« vin en haine, est pure hérésie noyable, appro-
« chant de l'athéisme. »

De cette autre *Seille aux bourriers* que
Beroalde de Verville a intitulée *le Moyen de*

parvenir, je vais extraire, pour les honnêtes *lisarts* qui n'ont souci que de bien vivre et de penser librement sans théologiser et disputer de religions avec les jesuites, quelques peintures de mœurs, anecdoctes, contes et proverbes, qui n'effarouchent ni le gout plus délicat ni les oreilles plus chatouilleuses et plus chastes des Pantagruelistes de notre temps présent. Je n'y ajouterai aucun commentaire à ces gros *Poys au lard* de Beroalde de Verville, laissant aux gens de bien, qui y voudront gouter, le soin d'apprécier par eux-mêmes ce qu'il pensait des mœurs ecclésiastiques de son temps, de l'ignorance cléricale, de la superstition et de l'hypocrisie des dévots, et des querelles de religion entre catholiques et huguenots.

Ces extraits et ces contes, pétris de bon sel gaulois, je ne les ai pas colligés au milieu des *baliures* du *Moyen de parvenir* pour les offrir aux méditations des jeunes demoiselles, dont on cultive l'esprit et le cœur en serre chaude dans les couvents.

Je dédie mon travail de modeste collectionneur aux libres-penseurs de notre époque, qui ont pour ancêtres ceux du xvie siècle, et qui n'auraient pas le temps de chercher des perles dans du fumier, ni des traits de bon sens,

de raison, de morale et de philosophie, parmi
des litanies effrenées de propos grivois,
d'histoires décousues, de récits et de dialogues
obscènes, de farces grossières et de calembours,
se précipitant pêle-mêle les uns sur les autres,
se heurtant, se bousculant comme des hommes
ivres qui roulent sous la table avec les débris
d'une orgie.

En son temps de troubles et de guerres de
religions, où l'on opposait fanatisme à fanatisme, catholicisme à *huguenotteté*, ce protestant
converti, pourvu d'un canonicat, sachant que
l'on n'avoit pas, comme nous l'avons maintenant,
« congé de vivre à discrétion de conscience »,
n'osoit parler ouvertement de « *Liberté de
conscience*, de peur d'être estimé huguenot ».
Parquoi, avisant a ses paroles, comme son
maître Rabelais, il cachoit sa doctrine, son
scepticisme et peut-être son athéisme sous le
masque de la folie, dans le monde des fous
ridiculement sérieux le plus sage étant le fou
qui sait le mieux et le plus largement rire.

Bien que les extraits de Beroalde de Verville
soient particulièrement destinés aux Pantagruelistes et libres-penseurs, peut-être me
sera-t-il permis d'espérer qu'ils seront lus, non
sans profit, par les femmes d'esprit, connaissant

le monde, ayant l'expérience des hommes, et exemptes des préjugés de pruderie, bigoterie, cagoterie, cafarderie et dévote superstition. Cette lecture ne portera atteinte ni a leur vertu ni a leur sagesse.

Armand Rivière.

MOINES

I

LE MOUTON ENRAGÉ

OU

LES EFFETS DU FROC

C'EST le froc qui vous échauffe. (Si vous étiez mon ami je dirois : qui vous rend impudent et intolérable). Et de fait, prenez le plus simple homme du monde, qui soit honteux comme une fille de chambre qui a (embrené) sa chemise ; jetez-lui un froc sur les épaules, vous le verrez incontinent devenir hagard, hardi et effronté.

Or bien, il y avoit de mon temps (vous savez que j'ai été nourri page au couvent de Cormery) un personnage de Tours, qui nourrissoit un sien fils tant sage, humble, doux et retiré que merveilles. Il étoit sans cesse a genoux, et n'y avoit moyen de le distraire de sa dévotion. Son père, qui l'aimoit, ne le vouloit aucunement contraindre, mais le gratifioit en tout. Pourquoi le voyant de ce naturel, a sa requête (je dis, de ce fils), il le mit moine chez nous.

Il n'y fut pas deux mois et demi trois jours et sept heures, qu'il ne devint pire que le diable. Il fut tout métamorphosé, il frappoit l'un, il poussoit l'autre, chioit en notre chemin pour nous faire tomber ; vomissoit pour nous décourager, petoit pour nous faire rire, faisoit la grimace durant le service pour nous faire rougir, se levoit tard pour nous faire enrager, faisoit le rabat toute la nuit pour faire miracle ; bref, il devint si insolent, que, contraints, et n'en pouvant venir a bout, en avertimes le père qui le vint voir, et lui remontra sur ce qu'il avoit changé de vie, qui autrefois étoit tant douce et humble.

Attendez, dit-il, mon père ; je reviens a vous.

Il va prendre un mouton mignon, qui étoit
au préau, et l'enveloppa de son froc ; puis vint
à son père et le lui montra.

Ce mouton bondissoit, sautoit, faisoit
l'enragé.

Eh bien ! mon père, que dites-vous de cela ?
J'étois jadis un mouton, comme celui-la ;
aujourd'hui j'ai le froc, qui me fait pétiller.

Et bonjour, pourvoyez-y.

II

IN SACRIS

Il n'y a gens qui soient plus ribauds que
moines et gens bénits, ministres et savants qui
étudient assis, et qui, au lieu de conserver les
saints ordres qui leur ont été conférés, les
quittent, et, abandonnant l'ordre de Dieu, se
rangent aux ordres du Diable qui leur confère
grâce d'être plus ribauds que jamais et plus
ribaudes que les autres gens.

Je m'en rapporte à l'antique (l'abbé) de
Marmoutier, qui se plaignoit que tous ses
moines étoient paillards et avoient des garces ;
et, voyant passer un jeune dispos qui traversoit
vers la boulangerie : Je gage, dit-il, que même
ce petit rustre en a une. — Il l'appela, et
moineau d'approcher. Il lui dit : N'avez-vous
pas une garce, comme les autres ? — Non,
monsieur, dit-il, faisant une grande révérence,
je ne suis pas encore IN SACRIS.

III

LE MOYEN DE S'ENGRAISSER

Il faut que vous alliez en un pays que j'ai frequenté, que vous appreniez ce que les gens de là font pour s'engraisser. Vraiment, ils sont là toujours gras et en bon point, comme de beaux petits moines de bonne étoffe. Les moines sont gras comme de belles vaches portantes ; mais les vaches ayant vêlé, elles deviennent maigres ; et les bons moines, qui n'ont point vêlé, sont toujours gras.

En ce pays que je vous dis, tout y est gras, même aussi les jours maigres y sont graissés ; et je vous dirai une belle invention que m'ont apprise ceux qui font exercice. Ces bonnes gens prennent les jours maigres dès la veille et les châtrent, puis les mettent en mue. Je ne fus jamais si étonné que quand je vis monsieur de Carême en mue, où trois vieilles croupières l'appâtoient avec des pâtons de blanc de chapons. Vraiment, il n'étoit plus comme je l'avois vu autrefois à Rome ; il étoit gras et

refait comme le chien d'un vielleux ; il étoit si
engraissé que la graisse lui sortoit par les yeux.
Non moins gras que le chien d'un vielleux, qui
mange aux noces, est un chien couchant de
lèchefrite.

Qu'est-ce là ? Quel animal nouveau ? — C'est
un moine de cuisine.

IV

LE TABLEAU DES AUGUSTINS DE TOURS

Aux Augustins de Tours, où le Grand Conseil tenoit, il y avoit le moine qui mène un diable en laisse, disant ses Heures, le tout en peinture, qui dit :

« Telle est la génération de ceux qui « cherchent la face du Dieu de Jacob. »

Je l'eusse dit en latin, sans que le Diable, qui s'en formalisa, dit tout haut en bon françois par la bouche d'un Procureur qui voyoit cette figure :

« Si le Diable avoit des peintres, on verroit « plus de peintures de diables menant des « moines en laisse que des moines y menant « des diables ; encore qu'il y ait, comme il se « comptera à la fin du monde, un tiers plus de « moines que de diables pour les amuser. »

V

LE BOUDIN

Un jour de grande fête, il y avoit près du revestiaire (sacristie) de bon feu dans le chariot à grille, et un quartaire y faisoit griller du boudin durant matines. Il fut pressé d'aller pour donner l'encens; il mit son boudin dans sa manche et va faire son devoir. Quand le chanoine lui eut baillé l'encensoir, il va vers monsieur le chantre, qui se disposa pour recevoir la sainte fumée. Adonc le quartaire se met à jeter l'encens, et sa manche, qui se délia, laissa aller le boudin au travers des joues de monsieur le chantre qui fut aussi étonné qu'émerveillé.

VI

SAINT GLOUGOURDE

Quel est l'outil de ménage que jamais on ne
prête ni emprunte, et si, il n'y a guère de
maison où il n'y en ait un ?

— Hé gai ! dit saint Glougourde, c'est le
bouchon des écuelles, qui fut cause que je fus
canonisé : en voici l'occasion.

Je faisois la cuisine des cordeliers de Rennes
et je mis par mégarde le bouchon des écuelles
au pot, où je fis cuire la potée.

Cela fit une soupe miraculeuse, sentant le
potage des gueux jusqu'au tiers ciel ; au reste il
étoit gras et fluant.

Les frères le trouvèrent si bon qu'ils en
eussent mangé leurs mains jusqu'au coude. Les
novices, qui en eurent le plus et le fond, le
savourèrent, et, pour ce que cela étoit mêlé de

beaucoup d'essence, en devinrent si savants, qu'ils surpassèrent leurs maitres qui, par envie, en firent mettre trois *in pace*, que je delivrai tandis que l'on disoit matines de tripes.

Matines de tripes, c'est le déjeuner.

VII

LA VACHE ET LES VEAUX

Qui n'a point mangé d'avoine n'entend pas le *bruit* du crible.

J'eusse dit le *son;* mais les moines ne m'eussent-ils pas accusé d'hérésie, parce que *son* appartient aux cloches?

Et, quand ils oyent les cloches, ils disent : « Voilà la vache qui appelle les veaux. »

VIII

LE MOINE-CURÉ

A ce que je vois, le pays des sots n'est pas
une île, c'est le monde même ; ains qu'il y a
de ces gens là hors du monde qui sont de gros
veaux, témoin le moine-curé, qui se pensoit
paillarder sur le bien dire à son prône, annon-
çant les fêtes qu'il falloit *festiner,* et disoit :
« Mes amis, il y a de bonnes fêtes cette semaine,
« lesquelles pourtant ne sont de commande ;
« l'Église les *fustigera* pour vous. »

N'étoit-ce pas lui qui, au lieu de dire à la
leçon : *qui mæchantur cum illa* (qui commettent
l'adultère avec elle), dit : *qui monachantur cum
illa* (qui font moinerie avec elle) ?

IX

LE PURGATOIRE

J'ai mis dehors tous ceux qui n'aiment point raillerie. Soyez les bien ventrus ; la panse fait l'homme ; je vous prie, ça, en liberté.

Y a-t-il personne de vous qui ait le ventre tendu, qui veuille aller *en purgatoire ?* Tout est libre et bon en son temps, lieu et endroit.

Ce fut un moine de Saint-Denis, disciple de Genebrard, qui m'apprit à nommer ainsi le *privé,* parce qu'on s'y purge.

Soyez encore un coup les bienvenus, gens d'honneur, et dont la conscience est profitablement bonne, non scandaleux, non fistons (vauriens ?) ni sépulcreux (je cuidois dire *scrupuleux*).

X

TRAITS DE MOINES

Que font les moines ? Ils font des traits mignons : et de fait, toutes bonnes rencontres et proverbes vieux viennent d'eux, et toutes belles inventions en sortent : témoin les moyens de faire hâter les jours aux papes, empereurs et rois. Mais je passerai outre.

Je vous dirai un bon conte de frère Jean Dessolez, qui prenoit les poires de bon chrétien du pauvre Jean Tournereau, qui lui disoit :

— Frère Jean, je vous vois bien.

Et frère Jean de mettre au capuchon, disant :

— Quand tu ne me verras plus, je m'en irai.

Le pauvre homme s'en alla cacher, afin que frère Jean ne le vît plus ; comme le gentilhomme de Bousillé, qui se cachoit quand il voyoit les pauvres qui lui déroboient son bois, et disoit qu'il le faisoit, pour ce que, s'ils l'eussent vu, ils n'eussent rien emporté.

Frère Jean descendu, Tournereau le prit à part et lui dit :

— Frère Jean, monsieur le prieur, mon ami, vivons en paix, je vous en prie ; ne me dérobez plus mes poires ; j'aime mieux vous en donner.

— Combien m'en bailleras-tu ?

— Je vous en fournirai trois quarterons.

— Ho, ho, dit le moine, je n'ai garde de faire ce marché-là.

Sandé ! celui-là savoit bien le *tu autem*.

Qui pourra dire ce que cela prétend (signifie), s'il n'a été moine ou à peu près ? Nul ne peut médire ni bien parler d'un état s'il n'en a été, ou s'il n'a trop fréquenté les compagnons.

Quand les moines dinent, il y en a un qui est en chaire, qui leur fait lecture des actions des satrapes, et ainsi légendant, il barbillonne les oreilles de ses confrères, qui cassent la bribe, sans songer à ce que dit ce pauvre lamponnier, qui est là haut perché sur les intentions dénouées, bien loin de ce qu'il dit ; d'autant qu'il a l'oreille attentive vers le prieur, qui est sous le dais ou en belle place à mouler les intelligences de tripes ; durant quoi, il se souvient parfois de ce pauvre diable qui s'égueule à faute de s'écouter, et dit en touchant du doigt sur la table : *Tu autem!* qui est à dire : « Qu'il finisse ! » pour ce qu'à chaque bout de leçon on dit cette fin : *Tu autem !*

Si, de fortune, ce lecteur est si sot d'avoir plus d'attention à sa lecture qu'au diner *(absit!)* et qu'il veuille achever jusqu'au sens parfait, et qu'ainsi il perde le temps, les autres disent, en concluant chapitralement contre lui, qu'il n'entend pas le *tu autem*.

XI

LA CONFESSION DU CHIEN

Le lendemain du jour où Bersaut prit vengeance du curé de Baracé et des prêtres ses compagnons, ceux-ci contèrent à deux cordeliers ce qui leur étoit advenu. Les frères vont toujours deux à deux (voire ! deux à deux ce seroient quatre : ils vont un à un. Coucher une à un est bon).

Les cordeliers, passant pays, vinrent à Cheffes où sont les *Oies rouges* et dinèrent avec des gens d'armes. Après diner, ils rendirent grâces et dirent : Dieu nous veuille donner une bonne paix !

Adonc un des gens d'armes va dire : Dieu nous ôte le purgatoire !

— Ha ! monsieur, ma chère âme, parente de chrétienté, vous blasphémez !

— Mais vous, dit le soldat ; il faut que chacun vive de son état. S'il n'y avoit un petit de guerre et un purgatoire, il ne faudroit ni moines ni gens d'armes. A ! ha, ha, hé !

Au reste, étant passés outre dans le haut Anjou, par de là Angers,

> Basse ville, hauts clochers
> Riches p....., pauvres écoliers.

et proche de la maison de Bersaut, ils s'entre-disent : Frère, qui ira ?

— Ce sera moi, dit l'aîné qui avoit nom frère Eustache.

Il y alla donc, et demanda à parler à monsieur, devant lequel on l'introduit.

Étant devant monsieur, il lui demanda hum-blement l'aumône.

— Oui dà, dit-il, vous l'aurez, père Mous-tache, mais j'ai céans un vieil serviteur qui se meurt, que je désire faire confesser.

— Monsieur, vous êtes en bon propos.

Adonc il le mena en un grenier, où il y avoit un vieil chien qui se mouroit de vieillesse.

— Voilà, ce dit monsieur, le serviteur dont il est question.

— Ha ! ha ! dit le moine, monsieur, je cuide que vous vous moquez de moi, simple religieux ?

Croyez que je ne suis pas si peu instruit que je ne sache comme il faut vivre, et qu'il n'est pas raisonnable d'attribuer à un chien ce qui convient à la personne. Partant, monsieur, vous m'excuserez.

De dépit, lui fit donner le fouet à nu et à bon escient ; puis l'envoya.

Le triste frère revint à son compagnon, auquel il conta sa fouettée et l'occasion d'icelle.

— Laisse-moi, dit l'autre ; j'aurai pis ou mieux.

Il alla doncques, et son entrée et discours furent au semblable des premiers faits à son compagnon ; et Bersaut lui ayant parlé de ce vieil serviteur, il demanda à le voir.

L'ayant vu, il dit : Eh bien ! monsieur, il est raisonnable, faites-moi donner un petit bâton.

— Je ne veux pas que vous lui fassiez mal.

— Aussi ne ferai-je ; mais j'ai affaire de ce que je demande.

On lui baîlla un bâton, et le moine le fendit un peu plus que la moitié ; puis dit à monsieur et à ses gens qu'ils sortissent et se tinssent à la porte ; qu'il ne falloit pas ouïr la confession d'autrui.

Étant sortis, il prit l'oreille du chien dans ce bâton fendu, et lui dit :

— Or ça, mon ami chien, voulez-vous pas mourir en chien de bien ?

Et lui pressant l'oreille, le chien huchoit assez haut : Ouan, ouan.

— Ne demandez-vous pas pardon à votre maitre de l'avoir trompé, en mangeant le gibier quelquefois ?

— Ouan, ouan, ouan.

— N'êtes-vous pas fâché d'avoir autrefois blessé quelqu'un ?

— Ouan, ouan, ouan.

— Pardonnez-vous pas à tout le monde ?

— Ouan, ouan, ouan.

— Or, soyez donc, chien bienheureux, absous comme un loup gris, trépassant comme une autre laide bête. N'en êtes-vous pas bien aise, monsieur le chien ?

— Ouan, ouan.

Il y ajouta plusieurs autres belles cérémonies de chien, qui furent fort agréables et au chien et à son maitre qui, après cette action, prit le moine, lui fit bonne chère, rit avec lui, lui donna de l'argent et son cou chargé de blé ; et lui promit lui en donner toutes les fois qu'il viendroit le voir.

Le frère retourne vers le fouetté, lui montre

sa quête. — Hé, grosse pécore, lui dit-il, tu ne sais pas vivre.

Et s'en allant, ils trouvèrent de leurs amis, et le foutté dit : Nous avons été bien fouettés.

L'autre dit : Mais bien vous, frère, et non pas moi.

A d'autres il dit : Nous avons eu bien du blé. — Mais bien moi, frère, et non pas vous.

Voilà que c'est d'entendre les affaires.

XII

PLUS DE MOINES QUE DE MINISTRES

Vous parlez des moines ; que ne mettez-vous aussi souvent des ministres en campagne ?

Ils n'ont encore guère régné ; et puis, s'ils venoient à périr, ainsi que cela adviendra bientôt, d'autant que leur fondement est foible, et que l'on en trouveroit tant en ce régistre, cela feroit éveiller les esprits pour s'enquérir quelles gens c'étoient ; et par ainsi on réveilleroit l'hérésie, qui sera éteinte comme feu de paille dessus l'eau, quand on aura toujours quelque conte de moine qui fera rire, au lieu de s'aller amuser mélancoliquement à égratigner la théologie pour en abuser.

CHANOINES ET PRÊTRES

I

LES GENS D'ÉGLISE

Qui sont les gens d'Église ?
— Hé da ! Ce sont les prêtres.
— Ne vous en déplaise, ce sont les images qui y sont jour et nuit, qui jeûnent sans cesse, comme y étant idoines. Toujours ils ne font point ce qu'il ne faut point faire ; ils s'abstiennent et sont ce que doivent être vrais gens d'Église.

II

LES CHAMBRIÈRES

Notate verba : Servantes sont celles qui servent chez les gens de bien, d'autant que, à ce qu'elles disent, *chambrières* sont celles qui demeurent avec les prêtres ou chanoines pour subvenir à toutes leurs nécessités.

Chambrières, ce sont bonnes pucelles d'apparence, mais elles sont femmes en substance, ayant reçu la même transmutation momentaire qu'une femme...

Dieu fit la fille et l'homme l'a faite femme. Voire, mais, les filles ne sont femmes que le prêtre n'y ait passé ? Dà, envoyez-les à Rome et à Angers ; il y a assez de prêtres pour faire ce qu'ils pourront.

Je vous demande pourquoi les femmes qui aiment le déduit hantent les gens de cloître ?

— C'est parce qu'elles brûlent du feu d'enfer ; il faut de l'eau bénite pour l'éteindre.

O toi donc, cettui-là à qui je parlois tantôt,
relevé d'orgueil, bouquin qui as été mille fois
gourmandé par ta chambrière, sache que quand
une femelle s'adonne à un ecclésiastique, elle
est, le premier mois, sa chambrière, le second,
elle est sa compagne, et le troisième, sa maîtresse ; et ainsi conséquemment.

Et de fait, notre chambrière vient-elle demeu-
rer avec nous (pour nous servir, cela s'entend),
le premier mois, elle est tant sage que tout ce
que j'ai est à moi.

Si, en sortant de l'église, je la vois venir de
chez un des confrères chanoines, je lui deman-
derai : — D'où venez-vous, Jeanne ?

— Je viens de chez votre compère quérir
votre vaisselle, que vous laissâtes hier, que vous
y fûtes souper.

Hé dà ! Tout est encore à moi.

Le mois d'après, je ferai la même question en
même posture. Elle dira :

— Je viens de quérir notre vaisselle, que nous
laissâmes hier chez notre compère, où nous
soupâmes.

Ha ! ha ! Nous y avons encore part.

Mais après, si je l'interroge, elle me dira bien
autrement :

— Que vous avez d'affaire, et n'avez-vous

point de chemise au... derrière! Vous voulez tout savoir, comme les grands. Je viens de quérir ma vaisselle, que je laissai hier au soir chez mon compère, où j'ai soupé.

Voilà ! Tout est à elle.

III

VIVRE DE MÉNAGE

Les femmes hantant les gens d'Église ne sont pas leurs femmes ; non, elles sont chambrières, puis femmes, puis dames et maîtresses.

Ces chambrières ne sont pas ainsi que celles du monde. Savez-vous comment elles tiennent serf le petit monsieur ? Et si, c'est avec tout honneur ? Qu'ainsi ne soit ; prenez-y garde, quand ce ne seroit qu'un gueux, si elles parlent de lui, elles diront *monsieur*, sans queue. Elles ne sont pas comme cette demoiselle qui, s'estimant plus noble que son mari, quand elle parle de lui, dit : *Celui-là !*

Me ferez-vous, s'il vous plaît, l'honneur de m'ouïr en la défense de ces femmes auxquelles j'ai part. Quand j'étois vicaire, j'avois une femme à la mode et usage de vicairerie : depuis, m'étant remis au monde, elle fut ma femme, épousée selon les droits et usages des autres gens.

Quand les femmes du premier ordre ou du

Saint (Pape?), et principalement celles des pauvres prêtres, parlent de leur ménage et *proficiat* (profit), elles disent, non point comme femmes absolues ; elles ont bien plus d'honneur au respect de leurs maîtres (témoin celle de messire Blaise qui, au four, se plaignant de leur petit moyen, ajoutoit : — Hélas ! encore si ce n'étoit nos messes, je ne sais que je ferions.)

Mais ce n'est pas tout ; elles se tiennent si bien pour femmes, que si celles des vicaires trouvent celles de messieurs (les chanoines), elles leur feront honneur ; et celles des chanoines suivent la dignité et rang de leur monsieur.

Et pensez-vous, vous qui en riez, que cela ne soit pas vrai ? Pour vous le faire croire, je m'en rapporte aux gueux qui, aux grandes fêtes, les voyant venïr de la première grand'messe, leur crient ainsi : *Nobles chambrières , ayez pitié de moi !*

Voilà, messieurs, ne vous déplaise ; il vaut mieux en avoir chez soi pour s'ébattre en bon chrétien que d'aller, comme méchant voleur, courir çà et là, en danger d'être pincé au collet, comme Cornu qui, mourant (du mal de Naples), soupiroit, disoit : « Hélas ! je connais maintenant que c'est chose moult sainte et juste que de vivre de ménage. »

IV

LES BÉATS PÈRES

Qu'il y ait des chanoines qui courent les femmes, le penseriez-vous ? Vraiment, il les feroit beau voir, si cela étoit ; ils feroient des enfants qui seroient charretiers, qui mèneroient père et mère à tous les diables.

C'est pourtant ce que croyoit la femme à maître André, qui, à cette heure, est sergent. Il avoit une prébende à Chartres, laquelle il laissa pour se marier avec une belle fille, à laquelle, au matin de la première nuit de ses noces, il dit :

— Eh bien ! ma mie, tu vois comme je t'aime, d'avoir laissé ma prébende pour t'avoir !

— Endà ! vous avez fait une grande folie, dit-elle, vous deviez garder votre prébende, vous n'eussiez pas laissé de m'avoir.

Pourquoi parler de femmes de prêtres ? Est-ce pour déplaire à quelqu'un ? Non, ou je me contamine, je m'abomine, je me déteste !

Telles dames, comme vous savez, sont subrogées aux sages et saintes vestales. Celles-ci sont donc vestales, et, pour ce que cela est rude à dire, radoucissant ce mot à la françoise, on dit *vessailles*.

Et pourquoi non ne s'ébattront-ils avec les femmes ? Sachez que cloîtriers, qui n'aiment point les femmes, sont toujours après relécher quelque vieille hérésie, sous ombre de dégoiser sur la Réformation, parlant des vices qu'ils imputent aux autres, lesquels sont plus tolérables que les leurs.

Eh bien ! s'accommoder avec femmes n'est pas tant mal que de troubler la chrétienté ; et puis, faire tel œuvre apporte la béatitude ; de là vient qu'on les appelle BÉATS PÈRES. Et certes, ils sont béats, c'est-à-dire heureux, d'autant que bienheureux est le père qui n'a point la peine de nourrir ses enfants.

Hé gai ! Vive l'amour ! Il n'est que d'être quitte, libre, et jouir de ses amours !

Je vous dis et déclare que qui n'aime point l'animal de société, qui ne fait point cas des femmes, est sot et méchant ou sodomiste. Si, laissons ces loups-garous, instruments de toute souillure ; un homme, qui honnêtement aime une douce femme, est humble et gracieux ; mais cettui-là qui les rejette est de qualité d'usurier, médisant, malin, ennemi de Dieu et des hommes; et qu'il s'aille faire châtrer.

Zest! voilà une affaire faite.

V

MA COUSINE GERVAISE

Ma cousine Gervaise détestoit les femmes de prêtres et disoit qu'elles étaient chevaux du diable, pour ce que les prêtres excommunient leurs femmes au *memento;* d'autant qu'il n'y a rien de si aisé à faire cocu qu'un prêtre ou un ministre, quand ils sont affutés à dire la messe ou à prêcher.

Et, en ma conscience, nous la trouvâmes au matin couchée avec messire Catelin. Et puis, fiez-vous en ces belles diseuses !

Ordinairement ceux qui médisent des prêtres ou des ministres en ont été ; ce qu'ils en disent de mal est pour faire croire qu'ils en sont éloignés.

VI

LE GRAND CHANOINE DE CHARTRES

Les filles d'Église, c'est-à-dire les femmes de cloîtres, c'est-à-dire les chambrières de chanoines, parlent sans autrement user de respect, sinon qu'elles appellent les autres garces, *chiennes, vesses,* et qu'elles débauchent leurs maîtres.

Les chanoines sont gens pudiques, sobres *d'ailleurs* comme de la bouche, comme dit messire Guillaume le Vermeil; ils ne font point d'enfants; aussi est-ce faux que Calvin soit fils d'un chanoine; ce sont les cordeliers qui en font. S'il y a une femme qui se prête, voilà un petit cordelier dessus!

Pourtant il y a apparence que les chanoines font des enfants; témoin madame la reine de France qui, allant à Chartres en voyage pour avoir lignée et suivant un beau chemin fait exprès, parce qu'elle alloit à pied, elle s'assit pour se reposer : que voici passer une belle grande paysanne des champs, qui cheminoit comme un prêtre breton.

La reine l'arrête et lui dit :

— Bonjour, ma mie ; où allez-vous ?

— Je vais à Chartres, madame.

— Que faire ?

— Vendre du lait et des herbes.

— D'où êtes-vous, ma mie ?

— Je suis d'ici auprès, madame.

— Êtes-vous mariée ?

— Oui, madame, Dieu merci et la *voutre*. Mais, madame, ne vous déplaise, dites-moi, s'il vous plaît, qui vous êtes ?

— Je suis la reine.

— Excusez-moi, s'il vous plaît, si je ne vous ai pas fait l'honneur que je vous *devas*. Mais, madame la reine, vous allez à pied, et où allez-vous, madame la reine ?

— Mais que ne vous déplaise, je vais à Chartres, ma mie, pour aller en cette belle église prier Dieu, à ce qu'il lui plaise que j'aie enfants.

— Hélas ! madame la reine, ne laissez pas de vous en retourner ; ce grand chanoine qui les faisoit est mort ; on n'y en fait plus.

VII

LE PRIEURÉ DE SAINT-COMMODE

Messire Imbert Chapotel, prêtre, avoit de beaux bénéfices; entre autres, il tenoit le prieuré de Saint-Commode dont il falloit qu'il se défît, pour ce qu'il n'étoit pas animal susceptible de tous bénéfices compatibles et incompatibles.

— Quel animal est-ce qui en est susceptible?

— C'est un cardinal, Dieu sauve la chrétienté! Il sentoit une future grande incommodité de la dessaisie de ce prieuré tant bon, et qui lui aidoit et aux siens à faire commodément la soulée, pour donner le reste, dont il n'avoit cure, aux pauvres.

Et de fait, il étoit aussi libéral que notre évêque, qui donnera plutôt un écu à une garce qu'un denier à un pauvre.

Oh! ce qui est bon à prendre n'est pas bon à rendre. Les hérétiques disent au contraire: Hé!

pauvres bêtes, qu'y a-t-il au monde de plus fâcheux que de rendre ?

Donc, il étoit fâché de se séparer de ce bénéfice, bien qu'il fût le moindre de ses pièces; et de fait il eût été un grand sot, voire un archisot, s'il se fût défait du meilleur.

Eh bien! un jeune écolier, pourvu assez honnêtement ès ordres et lettres, prévoyant sa fortune, sut la future défaite du prieuré. Par quoi il va s'adresser à messire Imbert, devant lequel, ouvrant la bouche, il décliqueta de la langue un beau petit paillard discours, regratté sur le droit de bienséance et de devoir, et lui manifesta son intention, qui étoit d'avoir et obtenir le bénéfice, s'il lui étoit agréable.

— Hé bien! mon ami, dites-moi, premièrement, êtes-vous prêtre ?

— Oui, monsieur.

— Or donc, messire *Alterutrum,* il vous faut ouïr parler.

Pourquoi l'appeloit-il *Alterutrum?*

Parce qu'il est écrit : *Confitemini alterutrum* (Confessez-vous l'un à l'autre), c'est-à-dire confessez-vous au prêtre.

— Si j'avois dit cela, interrompt Marot, je serois gâté; ainsi tout est permis aux docteurs.

— Marot, laissez dire ce docteur ou vous allez

faire brûler en Espagne! Vraiment vous avez tort, vous ennuyez ce pauvre homme par vos interruptions; il en est si dépit qu'il en retord les mâchoires comme un official fâché.

Messire Imbert vit la requête du prétendant, duquel ayant savouré les propos avec les oreilles, lui dit :

— Je ne puis mettre ce bénéfice entre les mains d'aucun s'il n'entend les Écritures, afin qu'il en soit trouvé capable. Pour donc savoir si vous entendez les Écritures, dites-moi qui étoit le père de Melchisedech ?

Le clerc répond : — Monsieur, saint Paul montre qu'il étoit sans père, sans génération.

— Ha, ha, ha! dit messire Imbert, lourdaud, mon ami, je sais cela avant vous. Répondez à ce que je vous demande.

— Je ne le sais pas.

— Aussi n'aurez-vous pas le bénéfice.

Cettui-ci s'en alla, et en vint un autre qui en avoit ouï parler. Ce nouveau venu étoit désalé comme le commis d'un banquier. Il vint devant messire Imbert, lui faisant la discrète demande pour obtenir le prieuré de Saint-Commode.

Messire Imbert lui fit la question :

— Entendez-vous les Écritures ?

— Oui, monsieur.

— Qui étoit le père de Melchisedech?

Alors le clerc dit : — Gratien (en son *Recueil des Canons de l'Église*) le démontre aisément comme cela, disputant contre les simoniaques (ce que disant, il tira de sa pochette droite une belle bourse, où il y avoit cinq cents écus en or), et ce, en bons termes. Donc, monsieur, voyez ce symbole philosophico-prophétique : Voici le père de Melchisedech.

Et, faisant de même de l'autre main, tire de sa pochette encore une autre bourse pleine de beaux écus-au-soleil, et dit :

— Voilà la mère! — Et afin que vous sachiez qu'il est vrai (mettant sa main droite en son sein, tira quelque soixante écus, et proférant, en les coulant vers la chambrière qui étoit au bout de la table, comme celles des chanoines ont accoutumé) : — Ce sont là les enfants!

— Ha, ha, ha! dit messire Imbert, c'est pratiquer la quatrième figure de dialectique, en dépit de Galien.

— Eh bien! dit le clerc, monsieur mon bienfaiteur, mon bon Mecenas, n'est-ce pas *docere* que de parler ainsi à ces sots? C'est expliquer le latin du chapitre *Recitas docendo*, c'est-à-dire qu'il soit reçu en payant.

— Eh bien! mon bon ami, dit messire Imbert,

il faut que tu aies le bénéfice. Vraiment, vous êtes docte; vous êtes en danger d'être un jour pape. Vous aurez le bénéfice; votre doctrine vous l'adjuge. Il ne faudroit, à la vérité, que vous seul pour faire tomber toute la théologie en démonstration, en dépit de Raimond Lulle (auteur de la *Démonstration de la Trinité par comparaison*). Que nous serions heureux si on résolvoit ainsi tous arguments! Nous serions incontinent d'accord; toutes hérésies seroient englouties.

VIII

LE SERMON DU CURÉ DE BUZANÇOIS

Cette canaille de sages nous fera devenir fous !
Au diable l'importunité de ces pédants !

Me trouvant gros de résolution, parce qu'elle
n'appartient à autre animal, je vous dirai des
choses que vous ni moi n'entendons, n'enten-
drons ni n'avons entendues ; ou je me tairai,
comme fit le curé de Buzançois, qui dit :

— Je vous prêcherois aujourd'hui, mais nous
n'en avons pas le loisir. Toutefois je vous dirai
un bout de sermon que nous diviserons en
trois parties :

La première, je l'entends et vous ne l'entendez pas.

La seconde, vous l'entendez et je ne l'entends
pas.

La troisième, ni vous ni moi ne l'entendons.

La première, que j'entends et vous n'enten-

dez pas, c'est que vous fassiez rebâtir le presbytère.

La seconde, que vous entendez et que je
n'entends pas, c'est que vous entendez que je
chasse ma chambrière, et je ne l'entends pas.

La troisième, que vous ni moi n'entendons
pas, est l'Évangile d'aujourd'hui ; par quoi,
n'en disons mot. Adieu.

IX

LA BARBE ÔTÉE (LA BARBOTÉE)

Depuis que, prostituant les sciences, on a parlé des doctrines en la présence intelligible des femmes, on n'a vu que des hérésies, et les hémorrhoïdes en sont chutes au fondement, et les barbes ont été pirement faites que ci-devant.

Et y regardez, vous ne verrez plus de barbes bien faites, pour ce que l'on n'y entend plus rien. De mon jeune temps, on alloit gaiement et sans artifice chez l'émouleur, et on avoit la barbe faite en deux coups, mettant une joue sur la meule, et puis l'autre après ; cela faisoit : *frac, ʒest, ʒest,* une barbe étoit faite toute prête. C'étoient de belles barbes ! Elles étoient faites en queue d'hirondes, et les cheveux, comme l'écuelle d'un ladre.

Laissons là, laissons là les laïques, auxquels je ne me plais point.

Je vous dirai bien que, de mon temps, les gens d'Église avoient la barbe rase ; et je vous dirai une remarque : c'est que quand le Pape a la barbe grande, les prêtres la veulent avoir de même ; s'il a le menton ras, les prêtres le veulent aussi, pour ce que chacun prétend au papal. Ainsi donc, les sages portoient leurs barbes ; les ras n'avoient garde de les porter, puisque le menton étoit ras, la barbe ôtée étoit demeurée chez le barbier.

A cela fut pris Hauteroue, chanoine de Saint-Martin de Tours.

Il faut tout dire, de peur des garces qui nous écoutent, pour ce que la fréquence de toutes femelles y abondoit jadis, avant notre Réformation, ainsi qu'aux autres lieux.

Il y songeoit et le fit paraître, un matin que l'on le vit barboyé ; et un autre chanoine le voyant lui dit : — Monsieur, vous avez aujourd'hui donné de l'eau bénite à la barbe ôtée (à la Barbotée).

Hauteroue, comme *reus (accusé)* va dire : — *Per meam,* je ne la connois point.

A cela je jugeai de l'innocence de tous les autres, qui se passent de garces, comme un bon procureur d'écritoire.

X

LE VICAIRE DE SAINT-PAUL

Le vicaire de Saint-Paul avoit promis à son curé qu'il seroit sage et ne courroit plus après les garces, et qu'au moins il s'en abstiendroit les féries de Pâques.

Jean! il n'eut pas la patience; dès le premier jour il parla à cette-ci, et le curé, qui l'aperçut, l'entendit revenir et lui dit:

— Je vous ai vu parler à une garce. N'avez-vous point de honte de ne vous en pouvoir abstenir, encore à ces bons jours?

— Ho! monsieur, dit-il, excusez-moi; ce n'est pas pour aujourd'hui, ce sera pour demain.

XI

TENTATIONS

.

Je m'étonne que le roi n'ôte les officialités.
S'il le faisoit, il soulageroit beaucoup de monde
et enrichiroit sa justice, et si feroit que les
ecclésiastiques seroient chastes. Car, pensez-
vous qu'oyant parler de turpitude, ils n'y soient
pas stimulés.

. A la vérité, les oreilles et les yeux y servent
beaucoup (à n'être pas chastes) ; témoin le curé
de Saint-Clément qui en son prône disoit :

— Les dames montrent leurs seins ; ce n'est
pas bien fait ; et puis, elles étendent leurs chemises autour du cimetière. Endà, ni moi ni mes
vicaires ne sommes pas anges ; cela nous tente.

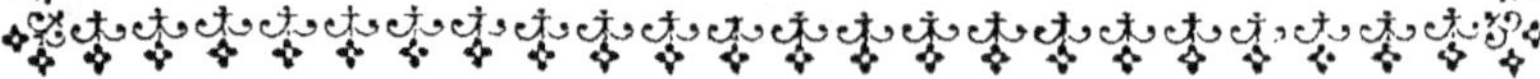

XII

Or ça, j'ai opposé et contrôlé la juste dis-
pense et huguenotique, ainsi que nous faisions
à Paris, le carême passé, quand, en pleine
taverne, nous faisions le petit exercice de la
Religion.

— Qu'est-ce à dire cela ?

— Vous qui savez tous les mystères sacrés ,
êtes-vous si bête que vous ne savez pas ceci, vu
qu'il se pratique en de bons cloîtres ? C'est que
nous clouons, barrons, bouclons et fermons
bien la porte, quand (comme ceux de la Religion) nous voulons manger de la chair aux jours
défendus.

Tel est *le petit exercice*, d'autant que le grand
est aller au prêche.

Je veux vous apprendre un autre secret.

Mes amis, ne mangez point de chair les jours
défendus, mais jeûnez ; et puis, toute la nuit

faites bonne chère avec de bonne chair morte
et vive. Les nuits ne sont point des jours; partant point défendus. Un consul étoit de même
opinion, quand durant les trêves il faisoit la
guerre de nuit.

XIII

LA CONSCIENCE

Encore y a-t-il des gens qui ont de la conscience, il est vrai ; mais comment ? Prenez-y
garde ; vous trouverez, si ce n'est sottise, que
c'est pour la commodité : Tellement que piété,
sainteté, justice, aumône et toutes telles vertus
ou actions ne sont pratiquées que par le désir
qui tend à la commodité, sous le voile de
l'hypocrisie.

— Si ce que vous dites est vrai, il ne faut
plus prier Dieu.

— Ce n'est pas ce que je vous dis, pour ce
que le moyen de se faire du bien aux dépens
du pauvre homme, sans qu'il en soit marri,
c'est qu'il faut prendre les bouts de chandelles
qu'ils vont offrir, et s'en éclairer, disant ses
Heures ; cela vous épargnera autant que feroit
au roi d'Espagne, si on lui bailloit tout le fil

dont on lie les allumettes, et qu'il le vendit
aux Foucre (1) pour faire des serviettes aux
Allemands.

(1) Les Fugger, les Rothschild du temps, dont on disoit:
Riche comme un Foucre.

XIV

LE CURÉ FOUETTÉ

Un curé étoit amoureux d'une fille, de laquelle il avoit pratiqué le mariage, pourvu qu'après il fût reçu à faire avec elle choses et autres, selon l'intelligence délectable ; à quoi la fille s'accorda et en avertit son mari, afin qu'il ne le trouvât point étrange s'il n'y remédioit. Sur cette promesse le mariage fut fait ; et le mignon de curé s'attendoit à faire goûter souvent à la jeune femme du fruit défendu.

Monsieur l'amoureux poursuivit son instance. La jeune mariée qui, comme toutes les jeunes femmes sont, aimoit encore son mari, ne faisoit guère d'état de messire Jean, principalement ayant eu l'argent qu'elle en prétendoit. C'étoit autant de vinette cueillie.

Un jour qu'il la trouva, il lui dit : « Sais-tu pas bien que tu m'as promis ? »

Et ils tinrent de petits menus propos qui lui donnoient espérance ; par ainsi, il se rendoit plus privé et importun : dont la jeune femme se voulut défaire, moyennant le complot pris avec son mari, qui fit semblant d'aller aux champs.

Par ainsi, monsieur le curé, qui alloit et venoit pour rencontrer la belle, eut assignation de venir au soir.

Sur la brune venant, voici mon curé qui vint. Comme elle le vit : « Hélas ! dit-elle, personne ne vous a-t-il vu ? J'en suis toute tremblante.

— Ma mie, tout ira bien ; assurez-vous.

— Eh bien ! monsieur, soyez le bienvenu. Tâtons au vin ; soupons vitement ; puis, nous nous coucherons. »

Cependant il déroba quelques baisers qu'il fureta tandis qu'elle apprêta tout.

Ils se hâtèrent de souper, puis elle dit : « Là, couchons-nous ; c'est assez friponné sur la viande morte ; c'est trop languir. »

Jamais le mignon ne se trouva si aise. Il se jeta bientôt au lit ; et elle, presque toute nue, faisoit mine d'aller éteindre la chandelle et musoit un peu.

Elle approcha comme pour se jeter au lit, n'ayant plus que sa chemise.

« Ho ! dit-elle, je m'en vais ôter ma chemise ;

mais aussi vous ôterez la vôtre; je ne la pourrois souffrir. »

Il l'ôte, puis elle lui dit : « Je vais éteindre la chandelle; tendez - moi la main pour vous trouver. »

Elle faisoit de l'interdite, semblant d'ôter sa chemise, une manche, puis l'autre.

« Foin des puces! bran, elles me mangeront. »

Le drôle prenoit plaisir, à la lueur de la chandelle, de voir ces mystères qui avoient bonne grâce; mais voici bien du changement.

Ainsi que déjà cette chemise passoit pardessus la tête, qu'il voyoit un beau tableau, on heurta à la porte assez épouvantablement. Lors elle, comme surprise : « Hélas! monsieur, où vous mettrez-vous! Je suis perdue! »

D'autre côté, on frappoit, disant : « Ouvre-moi, Françoise, ouvre vitement; je suis mort; je te prie, ouvre vite! »

« Mon mari, je me lève en si grand'hâte, que je ne sais ce que je fais. »

Cependant elle aidoit au curé à monter sur un travers (soupente?) où les poules nichoient. Cela fait, comme toute hors de soi, elle vint ouvrir la porte à son mari et lui dit : « Et où allez-vous si tard? Il est belle heure de venir. »

— Ha! ma mie, excuse-moi; je suis mort. Ne

te fâche point; tu ne me verras plus guère, je me meurs; envoie quérir monsieur le curé, que je me confesse! »

Il se tenoit le ventre auprès du feu, comme s'il eût eu la colique, et faisoit semblant parfois de s'évanouir. Il fait appeler des voisins à l'aide, qui s'assemblent à le reconforter et le mettent sur un lit à terre. Mais il ne faisoit plus que soupirer et dire :

— Jamais! jamais!

— Hé, compère, prenez courage.

— Jamais!

— Ce ne sera rien; or sus, mon ami, là, aidez-vous.

— Jamais!

— Il faut voir monsieur le curé.

— Jamais!

— Il vous dira quelque bonne parole.

— Jamais!

— Encore ne faut-il point se laisser ainsi aller?

— Jamais!

— Il semble que vous ne nous connoissiez point?

— Jamais!

Quand presque toute la paroisse fut assemblée et que l'on lui va dire :

« Or ça, compère, debout; allons au lit, vous y serez mieux. Eh bien! que vous faut-il? »

Adonc, jetant les yeux et dressant la main vers le curé, il va dire :

« Jamais je ne vis un tel jau (1) avec mes poules. »

Adonc monsieur le curé de se trémousser; et lors les destinés à la fouetterie lui aidèrent à descendre, et le cinglèrent à droite et à gauche, sans faire semblant de le connoître.

« Là, là, disoient les femmes, fessez, fessez; c'est le foulon. Tels sont les esprits familiers, incubes, succubes et fées qui, en fantômes domestiques, trompent hommes et femmes. Flanquez-lui ces nerfs de bœufs autour des échines, tant que la peau lui en parte! »

(1) *Jau* est le nom donné au coq dans nos campagnes de l'Ouest. Évidemment le bibliophile Lacroix ne connaissait pas ce mot de *jau*, qui n'est pas dans le dictionnaire de Littré, mais dans le dictionnaire de Bescherelle.

XV

Feu monsieur notre maître, qui fut évêque de Basse-Bretagne, ayant fait son coup d'essai d'une grand'messe, demanda à son grand-vicaire s'il avoit beaucoup failli :

— Non, monsieur, dit-il ; vous avez bien fait, sinon que vous avez un peu failli à la Patenôtre.

Notre aumônier n'y eût pas failli ; il disoit la messe bien diligemment. Il advint qu'un jour, lui absent, se présenta un prêtre qui dépêcha fort ; et, quand il fut revenu, on lui dit qu'il étoit venu un aumônier qui disoit la messe plus diligemment que lui.

— Sandregille ! dit-il, il n'en dit donc rien, d'autant que je n'en dis pas le quart.

Ce fut lui que Monsieur vit abattre une garce, et dès le matin pour faire journée. Etant retourné, Monsieur lui dit :

— Messire René, je vous prie de dire la messe.

Il dit : — Monsieur, je vous supplie de m'excuser ; je vous assure que, sans penser à mon affaire, j'ai trouvé une prune et j'en ai passé outre (je l'ai mangée).

— Oui, dit Monsieur, je vous ai bien vu que vous secouiez le prunier.

Comme les maladies nous prennent allant et venant ou nous reposant, nous prenons le temps comme il vient, et de même font ceux qui mangent leur bien, et pour le manger font diverses sauces. Aucuns le mangent à la sauce de la messe d'onze heures.....

Qu'est-ce à dire? C'est à la sauce de paresse. Je n'ai pas voulu dire la *messe paresseuse*, ainsi que parlent les Jésuites ; au moins le bruit en court.

XVI

FAISANS ET PERDRIX

Je voudrois, cher ami, que tu eusses épousé,
c'est-à-dire que tu fusses marié à la plus jolie
nonnain du monde !

— Ho ! monsieur, pardonnez-moi , s'il vous
plaît, il ne m'appartient pas ; quoi, c'est la perdrix du monde ! Il faut bien, pour le colloque,
l'adouer (1) avec le faisan du monde , qui est le
chanoine.

(1) *Adouer, accoupler* : terme. de chasse : voir LITTRÉ :
Perdrix adouée

XVII

CONCLUSION

Mon père , qui avoit mangé de la vache enragée (de la vache à Colas) et qui étoit délié comme soie fendue en deux, avait fait mettre au front de la porte de sa maison :

> Chassez au loin ces prêtres et ces moines
> Et ne donnez entrée à ces chanoines.

(1) Mathieu Béroalde, ministre protestant à Genève, maitre de Théodore Agrippa d'Aubigné.

PANTAGRUELISME

I

LE BANQUET DU BONHOMME

IL fut sonné, trompeté, corné, crié, huché, dit et proclamé, avec la trompe philosophique, que toutes âmes, qui avoient serment à la Sophie, se trouvassent au lieu désigné, ainsi qu'il avoit été ordonné et promis avec serment solennel, comme il est ordinaire ès affaires sérieuses de la benoite coutume des sages ; pour assurance de quoi les enfants de la science

avoient mis la main au symbole de la conscience. Par quoi nous fûmes tous résolus de
nous trouver chez le Bonhomme, notre père
spirituel.

Pour célébrer cet admirable banquet nous
fûmes introduits en une belle grande salle
parée, comme dit l'autre, autant à l'antique
qu'à la moderne; tout y étoit avec grâce et
avec symétrie parfaite, et ce, pour donner
autorité et lustre à l'aventure et aux discours;
et trouvant tant de gens de bien assemblés,
nous nous sentîmes saisis de quelques menues
tranchées de sagesse.

Le vin étoit dans les vaisseaux plongés en
l'eau fraîche pour se rafraîchir; car nous étions
moult de doctes buveurs, n'ayant point honte de
demander à boire frais, ni en demander davantage, si on leur en verse trop peu, ou si on leur
baille un reste, mais osant demander du meilleur, goûter à tous les flacons, arrangés suivant leur mérite et ne cherchant point la vérité
dans l'eau. Voici pourquoi l'on dit que Démocrite la trouva au fond du puits, la Vérité.

Le roi avait fait faire un puits, qui répondoit
à une vieille carrière, où Démocrite alloit souvent se rafraîchir. En ce puits on rafraîchissoit
le vin du roi. Démocrite s'en aperçut, et alla,

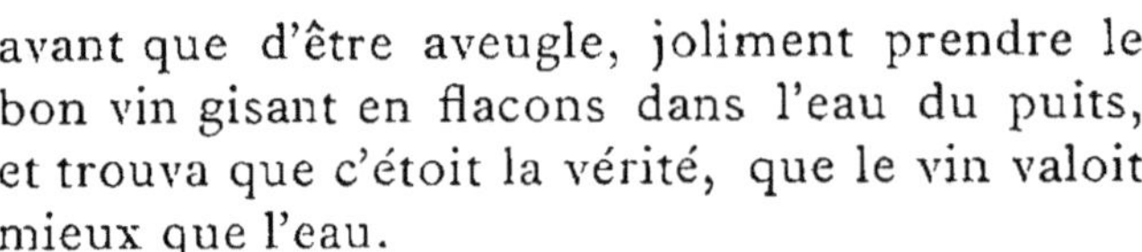

avant que d'être aveugle, joliment prendre le bon vin gisant en flacons dans l'eau du puits, et trouva que c'étoit la vérité, que le vin valoit mieux que l'eau.

Vous qui savez que le pain est plus ancien que le vin, d'où vient qu'étant le pain en la bouche, il est longtemps à se demener çà et là, avant de trouver le chemin de la vallée (l'*avalée*) et le vin tout incontinent le trouve ?

— Ce mystère n'est pas de votre religion.

— C'est pour ce qu'il y a plus d'esprit en une pinte de vin qu'en un boisseau de blé. Voire, direz-vous, l'eau en fait bien autant. O lourdaud, mon doux et bel ami, c'est une folle que l'eau ; elle se laisse tomber du haut en bas, elle court les rues et fait devenir fols ceux qui l'aiment. Et là-dessus, mon mignon, résolvez un peu à quoi il y a plus de réputation à se faire déclarer ivrogne ou fou ?

Aux bonnes gens qui ne savent pas les mystères mystérieux du vin, comme nous autres philosophes, ne faisoit-on pas accroire que les lanternes étoient vessies et n'attribuoit-on pas ces malheurs à d'autres jolies causes pour leur emmaillotter l'esprit ?

Prenez garde à ce que honneur soit porté et distribué honnêtement aux scientifiques per-

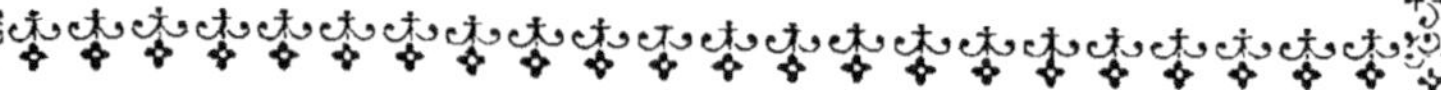

sonnes et discrètes qui sont en ce banquet, comme poulets en mue.

Ne pensez pas que ce soit moquerie que de ce sympose et souper philosophique, le plus authentique qui fut jamais, et auquel toutes questions, propositions, théorèmes, problèmes et plusieurs autres ont été solues, résolues, trouvées, démontrées et fidèlement reconnues en toute perfection ; pour ce que tout y fut débattu, égratigné, écorché, tourné et entendu ; et ce, selon les grâces dont étoient barrés les assistants, qui pourtant furent et ont été et seront approuvés doctes et savants ; ayant, au reste, tous si bon esprit qu'ils ne mirent guère à devenir fous. Ainsi soit-il de vous ! *Amen.*

Ils avoient les yeux ouverts, comme chiens qui chassent aux puces. Nos amis et toute belle et sage compagnie furent rangés en la salle, au beau milieu, en même ordre et façon que la reine de Saba festoya ses princes en Méroé, quand elle voulut faire preuve de sa sagesse. A voir tous ces gens de bien en bel ordre, vous eussiez dit et pensé avoir devant vos yeux une belle, joyeuse et sainte congrégation, comme une bande de prélats.

Et que faisoient tant de bonnes gens de loisir ? Voire, mais, que fit-on là ?

On parla, on mangea, on but, on fit *si*, on se tut, on fit du bruit, on protesta, on rencontra, on rit, on bâilla, on entendit, on disputa, on cracha, on moucha, on s'étonna, on s'ébahit, on admira, on gaussa, on remarqua, on se tremoussa, on s'accorda, on cria tout bas, on se tut tout haut, on se moqua, on murmura, on s'avisa, on se reprit, on se contenta, on passa le temps, on douta, on redouta, on s'assagit, on devint, on parvint.

Qu'en advint-il ? Il en advint ce docte monument, ce précieux mémorial, ce joyeux répertoire de perfection, cet antidote contre tout malheur, cette affiloire de bonnes grâces, ce MOYEN DE PARVENIR, unique bréviaire de résolutions universelles et particulières ; à quoi on ne peut contredire, ni opposer d'hyperboles, ni le redarguer de fausseté.

Et dites que vous en avez, captieuses tignes, qui voulez tout réformer et refondre !

Mais vous, sectateurs de vraies vertus cardinales, gens haïs de l'oisiveté, qui aimez mieux vous amuser à boire que penser à mal ou perdre le temps inutilement ; considérez ceci, empoignez ce *volume ; volume* dit, à cause de la vérité qu'il contient, comme un bon verre plein de vin.

Sitôt que quelqu'un ouvroit la bouche pour prononcer sa goulée, aussitôt les secrétaires les mettoient par état et colligeoient les paroles et propos, comme belles et bonnes perles ès rives d'Asie, dont ce volume a été compilé, et lequel de tout temps a été et sera, à cause de son excellence, pour son mérite et à jamais, par ceux qui ont de l'entendement, en grosses lettres dit, nommé LE LIVRE.

Sur quoi je vous dirai un grand secret et puis l'autre; c'est que vous ne trouverez point en ceci du truandage de pédantisme, comme ès autres pleins du ravaudage de folle doctrine qui n'apporte point à diner. Et davantage je vous dirai le secret des secrets; mais je vous prie, afin qu'il soit secret, de vous embéguiner le museau du cadenas de taciturnité.

Et écoutez : CE LIVRE EST LE CENTRE DE TOUS LES LIVRES.

Voilà la parole secrète, qui doit être découverte du temps d'Hélie, artiste, ainsi que disent les Alquemistes.

Tenez-le fort caché, et vous gardez des pattes pelues de ces enfarinés qui gourmandent la science et l'emplissent d'abus; étrangez-vous de ces pifres présomptueux qui, voyant les bonnes personnes désireuses de se calfeutrer

le cerveau d'un peu de bonne lecture et profitable, s'en scandalisent ; chassez ces écorcheurs
de latin, ces écarteleux de sentences, maquereaux de passages poétiques, qu'ils produisent et
prostituent à tout venant ; gardez-vous de ces entrelardeurs de théologie allégorique, de ces effondreux d'arguments et de tous ceux qui aiguisent
les remontrances sur la meule d'hypocrisie.

Fuyez telles bêtes, et ne leur communiquez
point ce rare trésor ; ains, le commettez à gens
de bien, comme gens de bien ont pris la peine
de vous le donner.

— Mais, tandis que je vous sermonne, il m'est
avis que je vois un glorieux Caparaçonneur
d'intelligence bigarrée, qui, donnant dans les
hypocondres de la conscience, pour éclore
quelque œuf d'hypocrisie, feint qu'il a couvé
sous le voile bigot de sapience folle ; lequel,
grignotant de dépit et pour faire l'habile homme,
jettera dédaigneusement l'œil sur ce monarque
des livres d'humanité ; blasphèmera, et, pour
en conter, se fera peter les mâchoires, comme
un vendeur d'époussettes, disant que nos
paroles sont erronées, et nous pensera faire
des escapades d'admirations, alléguant des
sentences du Livre saint, auquel tels que lui
n'entendent rien.

Si quelqu'un ne prend plaisir à ce banquet et aux beautés qu'il a produites, qu'il se fasse fouetter.

Messieurs, vous direz que je suis fou? Je voudrois le pouvoir devenir, pour ce que sitôt que je le serois, je serois aussitôt exempt du feu si on me disoit hérétique, délivré de prison, si je devois, non sujet au Consistoire, ou à la mercuriale, ou à la réprimande.

Je vois déjà un fripon de Proposant (protestant) qui est joint avec un aspirant à la prêtrise *mediante coquedindo* et ils disent que je suis *Nigromanchian,* que je fais parler des morts ! Je suis bien plus habile que cela ; les morts ont parlé, ils le savent bien ; mais je fais parler les bêtes, et beaucoup parleront, si Dieu plait.

Or ça, mes amis, ce dit enfin le Bonhomme, le père spirituel, chez qui se fait le souper philosophique, vivons en liberté. Notre banquet s'achève ; les convives sont sur le dessert ; je suis un peu sorti pour vous le dire. D'autres pourront recueillir le reste que j'ai oublié pour mon plaisir et votre commodité, d'autant que les yeux vous feroient mal, qui seroit fort au désavantage de votre vue.

Avez-vous envie de parvenir ? Lisez ce volume de son vrai biais. On m'a dit qu'il y a quelques malotrus qui ont dit : Voici des traits d'athéiste !

Endà, je n'en sais rien ; je m'en rapporte à eux. Si j'ai rencontré à dire leur naïveté, ça été sans le savoir.

Ils disent que je suis un moqueur, un contempteur ? Il est vrai, s'ils le prennent selon leur folle fantaisie, je m'ébats à me moquer d'eux ; mais aussi, je contrôle leurs sottises et je condamne leurs impudences ; je taxe les vices d'une belle façon.

LE BONHOMME.

II

CHAPITRE ET CONSISTOIRE

Monseigneur l'évêque de Luçon (le bon prélat) parloit de son Chapitre.

A ce mot de Chapitre, chacun prêta l'oreille ; sur quoi l'un des convives du banquet dit tout haut : Holà, messieurs, avant que passer outre, sachons que c'est que Chapitre, oiseau, poisson ou bête ?

Un autre empoigna la parole et dit : Chapitre est un corps, non corps, un certain composé dissoluble en ses éléments, sans distraction d'aucun ; chose merveilleuse à cause de tant d'habitudes différentes et semblables dont uniquement et multiplement il subsiste, étant homogène ; distingué en ce qu'il contient et en ce qui l'établit ; une vraie arche de Noë, auquel elle symbolise incessamment ; et, ce qui le fait être cela dont il est composé, sont plusieurs têtes, oreilles, yeux et culs, sans quoi on n'auroit aucune séance.

On m'a dit qu'il étoit advenu une grande aventure : C'est que, depuis quelque temps, il s'étoit échappé, comme le lièvre de l'arche, un certain petit *Consistoire,* qui sortit du *Chapitre* imperceptiblement, ainsi qu'un atôme, et est devenu grand, ayant déjà fait plusieurs enfants.

Je parle d'un petit corpuscule, nommé *Consistoire.* Je n'entends pas proférer ce que je dis de ce grand et unique Consistoire, père des Chapitres.

Paix ! ce dit MONSIEUR DE LUÇON ; vous vous jouez à un dangereux monstre.

III

LES ABSTRACTEURS

Oyez doncques que c'est de certains purs, vrais, saints et justes éléments que je veux parler, lesquels falsificateurs, brouillons et hypocrites ont gâtés : et j'en veux à ces trompeurs, pour autant qu'ils me firent perdre ma manuelle (mon Manuel ?) quand j'allai quérir les petits ordres. Aussi je n'ai garde d'y retourner, de peur de tout perdre ; encore faut-il vous avertir touchant les abstracteurs, d'autant qu'il y a une sorte.

On m'a dit que les plus subtils sont à La Rochelle, pour ce que c'est une ville maritime, et que là sont les abstracteurs de cérémonies, qui se parent bravement de leur sujet, comme entendus philosophes qui lèvent les accidents de leur substance... Je ne sais que j'en dois dire, de peur d'être estimé hérétique ; je les laisse donc, mais je hais abondamment les voleurs qui ont tiré de certains éléments d'une doctrine que l'Antechrist a inventée et supposée, sous lumière de religion, pour faire une ombre mirlifique. Vous saurez tantôt que c'est, et jugerez si je ne passe point les limites de raison ; mais je galope ces gabeleurs de théologie, qui ne trouvent bon que ce qui cadre à leur paillarde opinion.

IV

LE MÉTIER DE HUGUENOT

Un bourgeois de La Rochelle, ce dernier carême-prenant, ayant été tancé, parce qu'il étoit de la Religion, d'avoir joué joyeusement (et même le Consistoire l'avoit repris aigrement), se trouvant en compagnie où l'on le consoloit de ce qui s'étoit passé, va dire :

— Certebieu ! si j'avois trouvé quelqu'un qui me voulût bailler cinquante écus de mon métier de huguenot, je m'en déferois.

V

LE MINISTRE JACQUES DE LA TOUR

Je ne saurois ouïr parler de lanterne que je n'aie le cœur tout gai, à cause d'une que j'achetai, l'année passée, à la foire de Fontenay. Je ne fis pas un petit acquêt, d'autant que je crois qu'elle est demi-sainte, vu le marchand qui me la vendit.

— Dites-nous donc un peu cette aventure lanternière.

— Je le veux, à la charge que vous le tiendrez secret, pour ce que je suis un peu soupçonné de la huguenotteté.

Il y avoit un certain monsieur de la Tour, ministre en ce Poitou, lequel par hasard, — comme le diable est subtil à séduire les enfants de Dieu ! — ayant avisé une belle femme qui ne lui appartenoit pas, et qui avoit père et mère, il la convoita, suivant l'intention

du canon 17 du 1,174ᵉ concile, qui démontre
que la fille d'autrui n'est point *défendue ;* par
quoi il oublia son devoir et sa charge et commit
adultère.

Ce qu'étant connu du Consistoire, il fut
corrigé et averti fraternellement, dont il ne
tint compte, parce qu'il continua tellement que
le scandale fut grand, et fut passé par les
Consistoires, puis par le Synode, et enfin
déposé, comme un pot en tas ; et lors fut
inventé le jeu au *ministre dépouillé.*

La triste condition de M. Jacques de la Tour
le mit presque au désespoir ; toutefois il eut
meilleur cœur ; il ne voulut pas se donner au
diable après son âne, ni jeter le manche après
les écourgées, comme font les petits garçons
qui fouettent le sabot, mais s'avisa de trafiquer
et faire profiter si peu d'argent qu'il avoit de
ses commodités passées. Il se mit donc à faire
la marchandise, et profitant un peu, il fut
affriandé de venir aux foires.

Ainsi, il se trouva à celle de Fontenay avec
beaucoup de marchandises, et, entre autres,
grande quantité de lanternes.

Nous y fûmes en bonne et joyeuse troupe de
gentilshommes du pays. Me promenant, j'aper-
çus ce marchand et le considérai fort, pour ce

qu'il m'étoit avis que je l'avois vu autre part. Je le dis aux autres, qui de même en pensoient comme moi. Ainsi que nous doutions et le trouvions de bonne façon pour un lanternier, et que déjà nous nous étions entredit qu'il ressembloit au ministre déposé, il s'aperçut que nous le regardions.

Alors approchant, Le Fouilloux lui demanda : Mon maître, mon ami, n'êtes-vous point parent de ce ministre qui fut déposé à l'autre synode.

Adoncques sans s'émouvoir, il dit :

— C'est moi qui suis celui que vous dites.

— Et pourquoi, et comment est-il advenu qu'aujourd'hui vous êtes marchand de lanternes ?

— Ho ! ho ! dit-il, et pourquoi non ? Je vous les ai autrefois prêchées, maintenant je vous les vends.

Cela fut cause que j'en achetai une, pour ce qu'elle venoit d'une telle main.

Il ne se peut qu'elle ne soit ou ne devienne lanterne cabalistique ou archimistique.

— Tout beau ! ce dit quelqu'un, vous blasphèmez en deux intentions.

Ce grec vous trouble. *Cabalistique* ou *cavalistique* ne vient pas de *cavalerie*. Il ne faut donc parler d'ânerie qu'à propos. Davantage, il convient dire sobrement, discourant des lanternes, pour ce que *lanterne* se prend souvent pour *lumière ecclésiastique,* comme *grue* pour *évêque :* témoin Cassander (1) en son recueil qu'il a fait des comparaisons, au titre du *Moyen d'accorder les Religions,* nommant le premier ministre de Strasbourg *le grand lanternier d'ubiquité.*

(1) Georges Cassandre, théologien, auteur de la *Consultatio de articulis fidei inter papistas et protestantes controversis.*

VI

LA HUGUENOTE BATTUE

Un *officier*, — on appelle ainsi un *sergent* à
Genève, — avoit une femme assez fâcheuse et
qui le tourmentoit. Il la battit plusieurs fois et
à dur ; dont elle se contrista et menaça son
mari du Consistoire, qui est le Purgatoire des
huguenots. Remis qu'il fut au Consistoire, il y
alla ; et on lui remontra qu'il n'étoit pas beau
de battre sa femme.

— Elle étoit battable, dit-il.

— Allez, lui dit le diseur, sachant la pensée
de notre seigneur le Consistoire, retirez-vous ;
qu'il y ait de la mesure en vos actions, et qu'on
n'oie plus parler de vous !

Il retint fort bien son congé, et, quelques
jours après, sa femme, se faisant forte du Consistoire, se mit à faire la méchante et il la
battit ; mais avec quoi ? Avec une aune qu'il

avoit empruntée du seigneur Lai, qui avait été jadis couturier, et la frotta dos et ventre sur ses habillements.

La pauvrette se plaignit et fit encore appeler son mari au Consistoire, auquel on fit la joyeuse et courte remontrance, pour ce qu'on n'avoit pas le loisir de parler à lui, à cause que l'on faisoit réponse à une lettre que le duc de Savoie avoit écrite, et dit-on à ce maître officier :

— Allez et soyez sage ; et si votre femme vous fâche, ne la battez pas.

— Monsieur, je ne lui ai fait que ce que vous m'avez commandé ; je l'ai battue par mesure.

— Oui, dit-elle, messieurs, il m'a battue avec une des aunes de messieurs ; — et disoit bien, pour autant que là on mesure justice.

— Comment! dit maître Jean Pinaut, vous abusez des paroles saintes ? N'y retournez plus.

— Monsieur, dit-il, ce ne sont que remontrances que je lui ai faites.

— Allez, dit le président clerc, remontrez-lui avec l'Écriture sainte ou bien l'on vous mettra léans.

Quelques jours après elle fut encore mauvaise

et il la battit, mais ce fut avec un gros Nouveau-Testament couvert de bois et ferré : Il le lia en une serviette et la plauda en cas-pendu ; il n'y manqua rien.

Elle s'en plaignit, et, les formes observées, étant devant le benoit Consistoire qui s'ennuyoit de le voir si souvent, il fut tancé.

— Messieurs, dit-il, je ne l'ai corrigée qu'avec l'Écriture sainte.

— Hélas ! quelle Écriture sainte, messieurs ! dit-elle. Ça été avec un gros maudit Testament qu'il m'a bourrelée.

Cela ouï et su, il fut dit qu'il seroit puni s'il continuoit ; et puis, étant entré devant messieurs, on lui reprocha son incrédulité ; qu'il étoit malin contempteur et tergiversateur, et enfin lui fut prononcé, à peine de punition corporelle, qu'il n'eût plus à châtier sa femme que de la langue.

Ah ! Jean ! il n'y faillit pas, d'autant que, quand elle le fâcha, il prit une langue de bœuf fumée dont il la battit tant et tant...

Et allez demander à messieurs du Consistoire ce qu'ils en ont fait.

VII

LES CAUSES DES HÉRÉSIES

Dressez les oreilles, comme la queue d'une
vache qui mouche !

Notre ami l'évêque de *six-poules* (de Saint-
Papoul ?) se sauva d'entre tous les prêtres qui
se noyèrent l'année passée. Hélas ! que j'en eus
de pitié ! Et ce qui me faisoit dépit étoit que
ceux qui voyaient ainsi périr ces chastes âmes,
disoient : Voilà belle chouse et grand'pitié ! Et
chacun disoit : Je prie Dieu pour les marchands
qui trafiquent sur l'eau, qu'ils ne puissent faire
une plus grande perte.

Par la vertu !... (J'ai quasi dit outre ; encore
je m'en repens, pour ce que ces méchants
penseront que j'aie envie de devenir huguenot)
— ceux qui parloient ainsi étoient hérétiques.

Autrefois j'eusse juré sur mes œufs de Pâques
qu'il n'y avoit point moyen de troubler la foi

des François ; mais aujourd'hui je ne m'ébahis plus de rien. Si je savois que vous dussiez faire profit de ce que je dirai — nous autres vieilles gens ne prenons pas plaisir à parler pour néant, — et que vous ne m'accusassiez de ce que je dirai, je vous alléguerois quelque chose de rare et notable.

Certes, je déplore la pauvre Église romaine qui se démolit, et surtout pour un point et un acte qui se commet en France. Je vous le dirai, comme si j'avois été présent à ce bateau qui périt, lequel étoit au fond chargé de sel, et je m'en rapporte à messieurs du grand Parti (catholique ?) A, ha ! pauvre prêtrise, ton crédit s'en va !

Or, sachez que la rareté du sel, qui est aujourd'hui si rare et si cher, est cause qu'il n'y a plus guère de bons catholiques, pour ce qu'à peine trouvera-t-on du sel pour faire l'eau bénite à bon marché. Que si elle devient chère en continuant, on n'en fera plus ; et adieu mère sainte Église.

Voilà, voilà une raison des Hérésies en notre France.

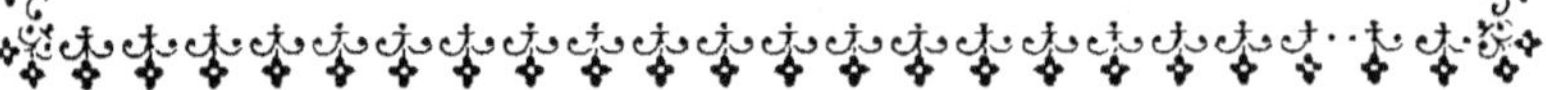

VIII

L'ANE ET CALVIN BUVEURS D'EAU

Pourquoi est-ce qu'un âne ne boit pas, s'il n'a soif?

Va je te le dirai. C'est pour ce qu'il ne boit que de l'eau. Que s'il buvoit du vin, il boiroit à tout moment, comme un bon théologien.

Je ne m'ebahis si tu fus hérétique, o Calvin; *Tu venisti sobrius ad evertendam rempublicam* (Tu est venu sobre pour renverser la chose publique).

FROSTIBUS (LE DUC D'ALBE ?) ET LUTHER

Au banquet du Bonhomme voici entrer Frostibus, lieutenant-général de tous les diables, auquel on avoit interdit la porte ; mais madame (Bonne-Intention), qui présidoit, lui avoit fait ouvrir, d'autant qu'il étoit bon diable.

Il vint, gai et gaillard, mettre les deux mains sur les épaules de Luther et lui dit :

— Eh bien ! Monsieur de l'autre monde, quoi ! que dites-vous des gentillesses que nous avons faites par de là, en notre enfance ?

— Tais-toi, lui dit ce vieil rêveur STURMIUS ; tu n'es pas sage ; tu découvres le pot aux roses ; tu déclares les secrets du métier.

— Mais, dit Frostibus, par ta foi ! pauvre mélancolique, si tu es plus homme de bien que les autres, va te faire brûler en quatre quartiers, comme vrai martyr de quatre religions. Or bien, messieurs, encore un coup ; boivez, ne me tenez guère. Je vais en Flandre pour copuler les États. Que voulez-vous de moi ?

LUTHER. — Tu es importun. Nous ne nous soucions plus de toi ; va à tous les diables et nous laisse ; sinon va à ce nouvel abstracteur de quintessence, qui te fasse griller, comme tu as fait rôtir mes bons disciples.

FROSTIBUS. — Ha ! ha, par ma foi, je suis tout réjoui. Savez-vous un point, mes bons seigneurs ? En quelque pays où il y ait une des quatre religions établie, je fais déclarer héréti-ques, comme fromage de Milan, ceux qui n'en sont point ; et puis on les grille ; et cela vient bien à mon goût, d'autant que le fromage grillé est plus voluptueux au palais que l'autre.

Mais laissons cela, ce n'est pas ce qui m'amène : Je suis venu ici pour vous prier, mon Luther, mon capitaine, mon ami, de me faire la faveur qu'il n'y ait plus personne damné. Tous les diables vous en prient ; et sera bon, s'il vous plaît, d'y prendre garde, de peur qu'enfin les maréchaux des logis d'enfer n'aillent en Purgatoire marquer partout pour nous loger. Et dà, il en est besoin, d'autant qu'il y a déjà tant de damnés en enfer que les pauvres diables couchent dehors ; et ainsi vous y aviserez, et je me recommande à vos bonnes grâces.

Je m'en vais. Je n'oserois être ici plus long-temps, de peur de devenir hérétique ou papiste. Que si cela advenoit, je serois perdu. Les financiers et tous conseillers des rois et princes ne feroient plus état de moi, parce qu'ils ne font pas cas de ceux qui sont fermes en une religion.

— Ayant dit cela, il s'en alla : et fut dit que qui que ce fût qui heurteroit demeureroit dehors, s'il n'étoit de l'une ou de l'autre religion *ex professo ;* et te va faire loger, pauvre diable !

X

LE JEU DE PET-EN-GUEULE

Quand j'étois enfant, et dont je me souviens comme de ma première chemise, je jouois au jeu de pet-en-gueule, qui est notable; c'est le symbole de ceux qui, sous ombre de religion, font la guerre pour maintenir leur ambition.

XI

.

LE MINISTRE DE VERSOI

Les habitants de Versoi, du temps que la
parole étoit de l'Évangile, avoient un ministre,
qui sans cesse leur reprochoit leur ignorance
et indécence de mœurs, leur reprochant qu'il
n'y avoit ni rime ni raison en leurs affaires ; et
si souvent leur tint ce propos, qu'il en devint
fâcheux ; tellement que, la visitation étant, ils
demandèrent un autre pasteur, et ce, avec
grande instance, disant que cettui-là leur étoit
insupportable.

Le Consistoire averti tant de la simplicité de
ce peuple, que de la façon du ministre trop rude
pour agréer à ce petit troupeau, leur en
adjugea un autre, qui fut averti. Cettui-ci les
prêcha quelque temps par essai ; puis, pour
l'établir absolument, il fut question d'assembler
les habitants, pour savoir si ce nouveau venu

leur seroit agréable. Ce qu'étant fait, et un de
la compagnie des habitants étant délégué pour
parler au ministre, et lui faire trouver bon
qu'il demeurât, lui dit :

— Monsieur, vous êtes agréable à tous
nous autres, tant parce que vous êtes un bel
homme, que principalement à cause qu'il n'y
a ni rime ni raison à tout votre fait.

XII

LE PRÊCHE

Tu nous la bailles belle! Tu nous contes de la piété et tu n'en fais point de preuve. Tu es comme ceux dont parloit la servante de cette vieille huguenote, qui mourut l'année passée.

Un jour elle incita sa servante, qui étoit papiste, d'aller au prêche ; ce que la fille voulut pour lui plaire, et y alla avec belle et bonne dévotion, et ouïr le prêche avec une moult bonne attention.

Étant revenue, sa maîtresse lui en parla :

— Eh bien, dit-elle, ma mie, n'est-ce pas une belle chose que le prêche ? N'y parle-t-on pas bien de Dieu ?

La fille ayant longtemps écouté sa maîtresse lui répondit ainsi : « Ils en parlent prou, mais ils ne le montrent point. »

CONTES DE BRÉVIAIRE

ET

MORALITÉS CANONIQUES

I

LE CURÉ DE BARACÉ

Voici comment Bersaut prit vengeance sur le curé de Baracé et ses compagnons. Passant au-dessous de la Bennerie, il rencontra une nue de prêtres qui venoient d'un gaignage (pardon). Lui bien accompagné les environna et leur demanda d'où ils venoient. Prêtres étonnés ne savoient presque dire, tant ils avoient peur.

Or ça, ça, dit Bersaut à un page, pied à

terre ; — et au bonhomme de curé de Baracé,
qui étoit fort âgé ; — sus, bonhomme, cul bas !
là, détachez vos chausses.

Il pensoit devoir être châtré.

Quand les chausses furent baissées, le page,
au commandement de son maître, attacha le
derrière de sa chemise aux reins.

Adonc il fit baisser le curé, comme quand
on joue à *frappe-main*, ou à la *fausse-
compagnie*, puis : Ça, enfants, à l'offrande.

Tous les autres prêtres vinrent baiser le cul
et mirent leur argent au chapeau du page.

La cérémonie accomplie, il leur demanda :
Eh bien ! enfants, me connoissez-vous ? — Oui,
vous êtes le bon monsieur Bersaut.

— Allez, dit-il, allez, et faites votre devoir ;
soyez gens de bien.

II

L'APÉRITIF RABELAIS

Le père Rabelais le docte fut médecin de
monsieur le cardinal du Bellay. Ce cardinal,
étant au lit malade d'une humeur hypocon-
driaque, fit assembler les médecins pour
consulter un remède à son mal. Il fut avisé
par la docte conférence des docteurs qu'il
falloit faire à monsieur une decoction apéritive
qui, réduite en sirop, seroit accommodée à son
usage ordinaire.

Rabelais, ayant recueilli cette résolution,
sort et laisse messieurs achever de caqueter
pour mieux employer l'argent, et fait ledit
sieur mettre au milieu de la cour un trépied
sur un grand feu, un chaudron dessus plein
d'eau, où il mit le plus de clefs qu'il put
trouver ; et, en pourpoint comme ménager,
remuoit ces clefs avec un bâton pour les faire
prendre cuisson.

Les docteurs descendus, voyant cet appareil
et s'en enquêtant, il leur dit :

Messieurs, j'accomplis votre ordonnance,
d'autant qu'il n'y a rien de tant apéritif que
des clefs ; et, si vous n'en êtes contents, j'en-
verrai à l'Arsenal quérir quelques pièces de
canon ; ce sera pour faire la dernière ouverture,
après l'exhibition de ces apozèmes.

III

LA MULE DE RABELAIS

Ne vous souvient-il point que nous rencontrâmes la mule de Rabelais? Le bonhomme ne s'en soucioit-il non plus que de celle du pape, ayant assez d'autres bonnes affaires. Il l'avoit laissée chez Fezendat, imprimeur, et avoit prié les garçons d'y prendre garde pour la faire boire à ses heures, comme la truie des Carmes.

Déjà deux ou trois jours s'étoient passés qu'elle avoit assez bu; mais au diantre la goutte, pour ce qu'elle ne bougea de l'attache, comme un vrai chien couchant.

Jean du Carroy, jeune verdaud, s'avisa de cette bête et monta dessus à dos, sans la sangler; un autre le voit qui lui demande la croupe, un tiers encore y saute; et les voilà ainsi que les quatre fils d'Aymon, à chevaux sur la mule, sans selle, n'ayant que le chevêtre (que ne lui bailliez-vous votre licou?)

Ainsi relevée de ces suffisants personnages, la

bête prit son chemin à val la rue de Saint-Jacques. Passant auprès de Saint-Benoit, au lieu de s'avancer, sentant l'eau d'une lieue, comme vous auriez senti l'odeur d'un bon jambon, et s'approchant de l'église, elle reçut une odeur débonnaire de l'eau bénite qui, l'attirant par la conduite magnétique de sa saveur, la fit, en dépit des chevaucheurs, entrer en l'église.

Il étoit dimanche, heure du sermon, où grand monde étoit convenu, et nonobstant ce peuple et résistance des bedeaux, la mule, dure de tête et oppressée d'altération, donne jusques au bénitier, où elle mit et enfonça son horrifique mufle.

Le peuple qui voit l'effronterie de ce maudit animal, qui par dépit n'engendrera jamais, pense que ce soit un spectre, portant quelques âmes jadis hérétiques, mais ores pénitentes, qui viennent chercher le doux réfrigératoire des bienheureux, — Laissez-la boire ! — et déjà pensoit qu'il feroit quelque émotion, — Laissez boire la mule ! — ou d'autres actes merveilleux de commotion spirituelle.

Mais la bête fut modeste, si qu'ayant légitimement bien bu, selon sa vocation, se retira sans autre cérémonie.

IV

LE MULET DE GRAVEREUIL

Le mulet de Gravereuil étoit bien autre que la mule de Rabelais ; il les faut marier ensemble.

Il y en avoit qui, voyant la méchanceté de cette bête, disoient que c'étoit quelque diable, fauteur d'hérétiques, punissant leurs ennemis : et cela venoit à propos, parce que de mon temps ce prêtre (Gravereuil) avoit fait effondrer une bonne et ample quantité de huguenots, qu'il tuoit bravement jusqu'à la mort.

Un jour, un Élu de Tours emprunta ce mulet et monta dessus, et adressa ses voies à Langès. Y étant arrivé, le mulet prit le mors aux dents, et, sans se soucier de ce qu'il avoit sur l'échine et du profit du roi, se mit à courir partout, à travers hommes, femmes et enfants ;

et, s'adressant vers la poterie, passa par-dessus pots, buïes, casses, chaufferettes, qu'il brisa, cassa, rompit et gâta, comme un étourdi ; puis, ayant fait sa montre, reprit ses erres emportant le triste Elu, qui eût voulu être au fond de sa cave, de peur du tonnerre ; et le mulet de courir sans arrêt ni crainte.

Et, comme il couroit, il y avoit un pauvre homme qui avoit trouvé la bougette d'un autre qui avoit passé et l'avoit laissé choir.

Cet homme, pensant que ce fut cet Elu qui avoit perdu sa malette, lui crioit :

— Monsieur, arrêtez-vous ; tenez, voici votre malette.

L'Elu, pensant qu'il se moquât de lui et ne se pouvant arrêter, lui crioit :

— Je te ferai pendre, coquin !

Le paysan couroit, criant, brayant :

— Monsieur, tenez, votre bien.

— Coquin, tu seras pendu.

— Monsieur, tenez, arrêtez-vous.

Le vilain, voyant qu'il ne s'arrêtoit point, jeta la malette là, et un autre la prit, qui s'en trouva bien et fit bâtir une belle maison à Portillon.

Le méchant mulet courut sur les ponts, où, étant arrivé, il s'arrêta aussi mignon qu'un cochon rôti, traitable ainsi qu'un agneau. Monsieur l'Elu le mena où il voulut; mais, se ressouvenant de sa peur, il l'alla rendre. Je vous assure, et m'en croyez, que si ce chevaucheur de mulet n'eût été Elu, il se fût rompu le cou et fût allé, comme les autres, à tous les diables.

Une autrefois que Gravereuil venoit du Plessis (lès-Tours) endossant son mulet, monsieur le mulet, voyant l'eau et y prenant plaisir, y porta son maître, et laissant à côté le pont Sainte-Anne, passa à travers l'eau; ce fut à messire de se tenir serré. Si ce n'eût été un prêtre, qui venoit de confesser un minime, il étoit en danger de périr; mais il étoit en trop bon état; le diable n'en avoit encore cure. Voilà comment le muletier échappa, se tenant ferme de peur de mouiller ses cheveux.

Par dépit de telles malversations, Gravereuil ayant assemblé le conseil de ses amis à ce connoissant, il fut résolu que dom mulet seroit châtré; ce qui fut exécuté.

Le mulet guéri se trouva assez humble pour un temps; mais (je m'en ris encore, et j'eus ce plaisir), un samedi matin, que ce vieillard voulant aller aux champs monta sur sa bête, qui savoit le chemin de sa cure, voilà qu'il est en train d'aller.

Ce méchant mulet, étant en la rue de la
Grosse-Tour, avisa le châtreux qui l'avoit
émancipé ; aussitôt il se ressouvint de cette
opération, et comme il l'avoit malheureusement exterminé, lui ôtant toute espérance de
bénédiction mulative. Oubliant selle, bride et
maître, il s'élança après, et, ne se souciant plus
de coups, de guide et de tout ce que vous
voudrez dire, s'enfonça droit et roide vers ce
châtreux pour le dévorer, ouvrant la bouche
grande comme un four à ban ; et endà, il l'eût
diffamé et vilipendé sans sa feinte.

Le pauvre siffleur se sauva en une maison, et
le mulet après y porta son maître, qui fut
obéissant, ne pouvant chevir de sa bête, qui
l'emporta après le châtreux, qu'il suivit tout du
long d'un escalier, portant toujours son
possesseur, qui n'avoit plus autre espérance
que d'avoir le col rompu.

Le châtreux se jeta sur une pièce traversante
où le mulet, qui le voyoit, recanoit, trépignant
en la chambre et béant comme une carpe qui
se noie. Ainsi bâillant, ouvrant la bouche
grande comme un ministre qui dit son premier
sermon, il fit tant de désordre en se trémous-
sant, que les quatre jambes lui entrèrent dans
le plancher, et messire Gravereuil eut le cul

fort réhaussé, tellement qu'aisément il se put
ôter de l'encombre où il étoit. Il ne fut point
sot ; il s'en ôta et laissa là sa bête qui, après
que le pauvre châtreux fut échappé, fut levée
par l'industrie de quatre ou cinq hommes qui
l'enlevèrent.

Ce mulet, depuis cette aventure qu'il ouvrit
tant la bouche, mordit comme un chien ; aussi
ne vivoit-il que de mordre : par quoi son
seigneur lui fit arracher quatre dents, dont de
dépit il devint pire et jamais ne buvoit qu'il ne
lui en prit fantaisie.

Gravereuil le vendit à un Gascon qui, étant
informé des conditions de la bête, ne laissa de
la bien payer, estimant qu'aisément il en
viendroit à bout ; par quoi il l'acheta et la
paya bien authentiquement ; aussi la bête étoit
de belle apparence et forte. Quand le Gascon
fut dessus et qu'il l'eut un peu mené à son
premier gré, le mulet s'avisa et emporta mon
homme après ses propres fantaisies, à travers
haies et buissons, champs et prés, et le menoit,
comme un nouveau Plutus, dans ronces et
épines de tous les diables.

A la fin, lassé ou remis, le soldat, qui ne
pouvoit oublier cette injure, se renforça de
colère, si qu'étant descendu il lui passa son

épée à travers le corps. Le mulet, sentant ce coup énorme et sa vie déterminée, en appela à la mule du pape, par la vertu de laquelle il s'évertua ; et excédant en vigueur, frappé comme il étoit, il se jeta sur son homme, auquel en mourant il emporta toute une épaule.

Le pauvre Gascon se vint faire panser à Tours de sa morsure, plaie et contusion ; mais il ne lui servit de rien, parce qu'il en mourut, d'autant que l'appareil, qui fut mis sur sa blessure, avoit été appliqué sur la chemise d'une fille, qui étoit pucelle à vingt-cinq ans et demi, et que de la même chemise on avoit fait le charpis qui avoit mis le feu partout.

V

LE MINISTRE BRETON

Laissant ce prêtre (messire Gravereuil et son mulet), je l'accompagnerai d'un, afin qu'il n'aille pas tout seul.

Il y eut un ministre breton de Bretagne qui courut chez nous une belle fortune. Il se plaignit fort d'une douleur de jambe, et ayant pris au conseil de son mal il 's'alla coucher. On avoit oublié de lui bailler un pisse-pot, si que, durant la nuit, ayant désir d'uriner et ne trouvant point de vaisseau, il se leva et s'avisa d'aller pisser en la cour.

C'étoit environ la Toussaint, en nouvelle lune. Il sort de sa chambre et enfile le degré, lequel étoit contigu à celui de la cave, qui n'étoit point fermée, tellement que, suivant la vis, il alla tant qu'il trouva terre, qui fut quand il eut mis le pied au fond de la cave, où étant il s'avança trois pas, et pissa abondamment selon la désirable évacuation de sa vessie.

Voilà que (par male tigne !) il s'étoit tant avancé qu'ayant pissé il se trouva plus éveillé. Pourquoi il veut retourner : sur cette intention, il cherche le noyau du degré et de la sortie ou entrée ; mais il ne le peut trouver. Le voilà tout égaré ; il lève les yeux à mont, et s'enguisant la vue il tâche de trouver des étoiles ; mais il n'avoit garde.

— Ho ! disoit-il, que le temps est nuble ! que le ciel est noir ! que l'air est étouffé ! Ho, hi, il fait ici noir comme dans une cave.

Les nuées étoient si épaisses qu'il ne voyoit goutte qui soit. Il se resout de sortir de ce lieu tant obscur, qui est la cour, à son avis ; mais il ne peut trouver de passage ; il va et vient, et de tant plus il s'englue. A la fin, il se met à appeler et crier qu'on lui portât de la chandelle. Il se mettoit à hucher, puis se reposoit ; plus il huchoit et moins on s'en soucioit ; aussi que sa voix n'étoit point entendue venant de si bas. Après qu'il avoit bien crié, il se taisoit et écoutoit ; puis un peu après il recommençoit.

A la fin, je m'éveille et je demandai !

— Qui est là ?

Il m'entrouït et dit :

— C'est moi !

— Et qui ?

— Moi, pauvre ministre.

— Et où êtes-vous ?

— Ici.

— Et où ?

— Je ne sais.

A la fin, la voix me conduisit à la cave, où je le vis tout nu, aussi ébahi que Peton.

— Qui, tous les diantres, vous a mis ici ?

— C'est moi : je cuidois être en la cour, et je ne sais comment j'ai descendu si bas.

— Et que n'avez-vous pris vos souliers ?

— Si j'eusse pensé tant y être, j'eusse pris mes souliers et ma robe. Mais, pour Dieu, menez-moi chauffer ; je transis de froid.

Je fus presque en pensée de le mettre en mon lit (ajoute Renée, la servante d'hôtellerie qui narre ce conte); mais l'odeur de ministre me déplaît ; je m'étonne de celles qui les aiment tant et les épousent.

VI

LE DIABLE DE VAIVAI

Voici comme le valet du ministre de Vaivai, au delà de Lausanne, connut le diable. Un jour qu'il faisoit tonnerre, pluie et tempête, et que le monde étoit, un dimanche au soir, aux prières, voilà un éclat de tonnerre qui donna; et au même instant un pauvre ramoneur de cheminée, pour éviter le danger et la pluie, se jette dans le temple.

A son arrivée, chacun, le voyant si noir, s'enfuit. Il voit le monde fuir, il fuit aussi après. A la sortie, et qu'il étoit le dernier, il arrête ce valet, qui aussi étoit le dernier des autres, et lui demanda ce qu'il y avoit.

Le pauvre valet lui dit :

— Hélas ! monsieur, ne me faites rien ; je vous connois bien.

— Et qui suis-je ?

— Vous êtes monsieur le diable, à qui Dieu donne bonne vie.

<h1 style="text-align:center">VII</h1>

LE PENDU

Sur les diables familiers ou quelque chose de diablerie, — c'est tout un, — je vous dirai une jolie aventure.

Ceux de Benais et d'autour devoient allèr au marché à Bourgueil, et quelques-uns s'étant donné but pour partir de bonne heure, il y eut un serrurier qui se leva plus matin que les autres ; et, voyant que ses compagnons ne se vouloient point lever, se mit en chemin.

Ayant fait plus d'une lieue et avisant qu'il étoit encore trop matin, se voulut reposer. Il échut qu'il se va jeter à ·quartier sous une potence, où depuis quelques jours on avoit attaché un larron, qui gambadoit en évêque champêtre. Le serrurier s'endormit très-bien.

Le jour venu, ceux qui alloient au marché passant par là, il y en eut de joyeux qui dirent qu'il falloit appeler ce pendu. C'est bien dit.

— Hau, hau, compagnon, hau, hau, veux-tu pas venir ? Il y a assez longtemps que tu es là.

Le dormeur qui étoit à bas, qui ouït ce bruit, s'éveilla et répondit :

— Oui, oui, hau, hau ; je vais, attendez-moi.

Ces passants se trouvèrent surpris extrêmement et s'enfuirent, cuidant que c'étoit le pendu qui eût parlé à eux ; et le serrurier de courir après.

Eux, oyant ses ferrements, pensèrent que ce fût la chaîne du pendu ; par quoi ils s'enfuirent ; le serrurier appelle, et plus il appelle et court, et plus les autres épouvantés s'enfuirent, et ne cessèrent de courir qu'ils ne fussent à Bourgueil.

VIII

Monsieur de Luçon, il y eut un pauvre qui ouït votre sermon, quand vous prêchâtes que qui auroit deux robes, qu'il en donnât une au pauvre. Le pauvre tout consolé vous oyoit avec une grande attention, étant merveilleusement aise. Après que vous fûtes retourné au logis, le pauvre vous vint voir, vous fit une ample et grande révérence, vous racontant qu'il avoit fort profité à votre exhortation, dont il se consoloit du tout.

— Je suis bien aise, dites-vous, mon fils, que vous soyez si bon chrétien.

— Mais, monsieur, dit-il, vous avez dit que qui auroit deux robes en donne une au pauvre ; je vous supplie me donner la plus méchante que vous ayez.

— Ho, ho! dites-vous, as-tu été au commencement du sermon ?

— Non, dit-il, monsieur.

— Ha! ha! repliquâtes-vous, si vous eussiez été au commencement du sermon, vous eussiez ouï *in illo tempore,* c'est-à-dire en ce temps-là. Je prêchois que cela se faisoit jadis et non pour le présent.

IX

LES TROIS FÈVES

La Maugrin vit un jour sa chambrière qui
jetoit en balayant trois fèves ; elle lui dit :
Vraiment, baboine, ce sera là ton mariage. —
Elle les prit et les sema, et en eut d'an en an
assez pour la marier.

Et de là j'infère que si le roi défendoit de
mettre des fèves aux gâteaux des rois, et qu'il
prît ces fèves-là et les semât, il en tireroit un
grand soulagement pour le peuple.

Or, sans nous amuser à ces gueux de rois,
si tu veux être libre, n'aie jamais de femme
pour ce que si tu es marié tu seras obligé ; tu
paieras la taille et la taxe aussi, et il faut que
tu fasses (le devoir du mariage) par contrat :
ainsi sont tenus les gens mariés ; ce à quoi les
libres ecclésiastiques ne sont obligés, n'ayant
au particulier ni à la *raie publique,* que pour

leur plaisir et récréation : et ce, les après-dinées et au temps d'ébat, non pour tenir femmes avolées toutes nuits, parce qu'à leur réveil ils sont obligés de dire leurs Heures à jeun ; et ils auroient bu de l'ordinaire, comme les ministres, et on les accuseroit d'être hérétiques, tellement qu'ils auroient bu la façon de leur journée, ayant bu de l'ordinaire.

X

L'invention du célibat

Or, devinez pourquoi a été inventé *célibat ?*
— C'est afin que nous ne nous amusions point
à une femme, pour ce qu'elles sont toutes à
nous, s'il est vrai ce qu'on dit.

Voire, ne faut-il pas bien s'ébattre et principalement à jeux auxquels il convient ?

N'est-il pas dit : *Croissez et multipliez, et
remplissez la terre ?* Et qu'est-ce, sinon qu'il
est enjoint par Nature aux petits de croître,
aux forts et de bon âge compétent de multiplier,
et aux vieillards de se laisser mourir pour
remplir la terre ? Et cela aussi appartient à
ceux qui veulent faire les vieux, à ces idiots,
voués, cafards et inutiles qui ne font que scan-
daliser le bon monde de Dieu.

Je dirois bien de la besogne, sans que le
défunt évêque d'Angers fût blâmé des docteurs,

qu'il s'accommodoit aux textes bénis de l'Ecriture. Que si je m'y enfonçois comme je les sais, je vous donnerois bien du passe-temps ; mais je ne veux pas faire planche à ces hérétiques qui en feroient leur profit. J'aime mieux aller à ce bout gausser avec ces penaillons de garçons et filles, qui s'ébattent sans mal penser, chopinant près ce buffet ; et vogue la galère !

XI

LA BEURRIÈRE DE BOURGUEIL

La Soldée étoit une honnête beurrière de
Bourgueil en chrétienté (c'est auprès de Touraine et non en Touraine. Si cela fût advenu
en ce pays-là, on n'en eût fait que rire, parce
que les fous y croissent comme en votre pays,
monsieur le lisart).

Un jour devisant son mari lui reprochoit sa
saleté.

— Vraiment, ma commère, tu ne saurois
faire de beurre net, tant tu es malpropre.

— Aga, si ferai ; j'en ferai et le ferai si net
que t'en ferai manger ; et le salerai pour ton
carême, que je te ferai mieux faire que ne
font les moines, qui mettent du sain-doux
en leurs choux en carême pour épargner le
beurre par humilité, à cause des hérétiques de
Saumur.

Or donc, Soldée ayant reproché à sa femme qu'elle ne faisoit jamais de beurre net, pour ce qu'elle n'étoit si propre que Mademoiselle de Lausnai qui, pour aller au privé, prenoit son masque, sa devantière et tout son harnois à chevaucher pour mieux serrer les poings, un jour le beurre de la Soldée fut fait avec beaucoup de propreté.

Elle avoit pris une chemise blanche, une gorgerette, un garderobe ; bref, elle étoit en beau point, et si propre qu'un jeune coureur de fortune l'eût volontiers convoitée.

Ainsi ajoppée et bien lavée, elle se mit environ son beurre. Son mari tout émerveillé considéroit cette grande aventure, et déjà espéroit que sa femme le feroit mentir, tant elle étoit propre.

Le beurre étant prêt, mis en livres, demi-livres et quarterons, il n'y restoit plus que la petite façon dessus (c'est ce que les bien-disants disent *le verbe, le garbe,* ou comme vous voudrez). Cette joliveté s'y faisoit avec un petit bois taillé, qui étoit enveloppé dans un linge net et mis sur le *badaut. Badaut* est un engin qui tient au plancher ; et ainsi plusieurs badauds y a qui pendent ainsi vis-à-vis.

La Soldée, voulant prendre ce petit bois

sur ce badaut, monta sur une selle à trois
pieds.

Qu'au diantre soit celui qui fit la maison où
fut marié le père de l'évêque, lequel sacra le
prêtre qui maria la mère de celui qui forgea la
cognée, dont fut coupé le bois où fut amanché le
pic, dont on releva la terre pour planter l'arbre
duquel fut faite la première selle à trois pieds!

Comme cette pauvre femme si propre
s'élança de dessus sa sellette, voilà cette abo-
minable selle qui va broncher; et ma pauvrette,
ayant une jambe en l'air et l'autre assez près,
qui coula avec la selle, va faisant une petite
ruine, sans se dépecer, et tomba si à point,
pour n'être pas offensée, que son cul donna en
plate-forme et si proportionnément dans sa
gidelle sur son beurre, qu'elle le remit en
chaos, défaisant toutes ces figures distinctes;
et le repétrit malheureusement par la pesanteur
de son fessier qui, de la roideur du coup,
estampa l'impression de ses fesses si abondamment, que le beurre en fit la vénérable remen-
brance en creux.

La Soldée, bien étonnée, se résolut en sa
d'sgrâce, et, pour réparer son désastre, se
mit à arracher de son derrière, à belles mains,
le beurre qui y était attaché.

XII

LE TABLEAU DE LA BOURDAISIÈRE

L'Amour qui est à la Bourdaisière est fait
en si belle peinture, que l'Amour a été fait
après ce portrait. Quand le roi venoit de fixer
le Mercure, il vint en cette belle maison. Et
comme ès-lieux curieux il y a toujours des
amuse-fous, ce tableau d'Amour étoit dans la
grand'salle. Il y eut un gentilhomme qui s'y
amusa, et, voyant cet Amour avec son trait sur
l'arc, comme prêt à décocher, et lisant autour :
Sublato amore omnia ruunt (sans amour tout
tombe en ruine), étoit en grand'peine que
cela pouvoit signifier.

Il passa un aumônier auquel il le demanda.
L'aumônier l'ayant lu dit :

— Monsieur, vous êtes fâcheux; ce latin-là est,
possible, profane; il n'est pas de bréviaire ; je ne
l'entends ni ne veux l'entendre.

— Monsieur, ne vous fâchez point, je vous prie.

Il en passa un autre, qui fut plus hardi, auquel il fit la même prière. Adonc le prêtre, ayant considéré l'état de la figure, lui dit :

— Monsieur, cela signifie que, si Dieu vouloit, tous les anges du Paradis tireroient ainsi de l'arc.

XIII

LE FOU DE LA BOURDAISIÈRE

Le fou de la Bourdaisière avoit avalé une pièce de vingt sols. Comme il vint à la rendre par le bas, il avoit de la peine. A la fin, l'ayant tirée, il dit à son maître (Georges Babou), la lui jetant toute breneuse sur la table :

— Endà, monsieur cousin, que l'argent est fâcheux et difficile à faire.

XIV

MONSIEUR DE TURPENAI

L'abbé de Turpenai fut celui qui eut la venue
par mon compère Tristan, qui en fit des repro-
ches au roi Louis onzième ; lequel avoit donné
l'abbaye de Turpenai à un gentilhomme qui,
jouissant du revenu, se faisoit appeler *monsieur
de Turpenai*.

Il advint que, le roi étant au Plessis-lès-
Tours, le vrai abbé, qui étoit moine, et comme
ceux qui dûment pourvus ont été appelés
antiques, d'autant que c'étoit à l'antique mode,
qu'il n'y avoit point de commentaires (foin, je
pensois dire *commendataires*), cet abbé vint se
présenter au roi, et lui fit sa requête, lui mon-
trant que canoniquement et monastiquement
il étoit pourvu de l'abbaye et que le gentilhomme usupateur lui faisoit tort contre toute
raison ; et partant, qu'il invoquoit Sa Majesté

pour lui être fait droit. En secouant sa perru-
que, le roi lui promit de le rendre content.

Ce moine importun, comme tous les animaux portant cucule, venoit souvent aux issues
du repas du roi, pour lui ramentevoir son
affaire.

Un jour, le roi, ennuyé de l'eau bénite du
couvent, appela mon compère Tristan et lui
dit : Compère, il y a ici un Turpenai qui me
fâche ; ôtez-le moi du monde.

Tristan n'y faillit, non plus qu'il lui fut failli,
ainsi qu'il se trouve ès-*Florides,* quand sous le
nom de *Stratin* il eut la tête tranchée à San-
cerre, tournée en *Sancrèse,* témoin Verville,
qui me l'a dit ainsi qu'il l'a écrit.

Tristan, prenant un froc pour un moine ou un
moine pour un froc, vint à ce gentilhomme
que toute la Cour nommoit *Monsieur de Turpenai,* et l'ayant accosté fit tant qu'il le
détourna ; puis, le tenant, lui fit entendre que
le roi vouloit qu'il mourût, partant, qu'il fît
son testament, comme font les enfants de Lyon,
au pied d'une échelle, la tête couverte par
privilège notable.

Il voulut résister en suppliant et supplier en
résistant ; mais il n'y eut aucun moyen d'être
ouï. Il fut délicatement étranglé entre la tête

et les épaules, si qu'il expira ; et trois heures après le compère dit au roi qu'il étoit distillé.

Il advint, cinq jours après (qui est le terme que les âmes reviennent, si elles doivent revenir, ainsi que dit saint Foubrequin), que le moine vint à la salle où étoit le roi, lequel le voyant demeura fort étonné, et lui sembloit avoir devant lui le spectacle hideux de l'âme monacale, étrangée de son triste corps.

Tristan étoit présent. Le roi l'appelle et lui dit en l'oreille :

— Vous n'avez pas fait ce que je vous ai dit.

— Ne vous déplaise, sire, dit-il, je l'ai fait. Turpenai est mort.

— Hé ! je disois et entendois de ce moine.

— J'ai ouï et entendu du gentilhomme.

— Quoi ! c'est donc fait ?

— Oui, sire.

Or, se tournant vers le moine : Venez ici, moine. Le moine s'approche ; le roi lui dit : Mettez-vous à genoux. Le pauvre moine avoit bien peur. Et le roi lui dit : Remerciez Dieu qui n'a pas voulu que vous fussiez tué, comme je l'avois commandé. Celui qui prenoit votre bien l'a été. Allez, Dieu vous a fait justice ; allez, priez Dieu pour moi, et ne bougez de votre couvent.

XV

L'APPARITION

Durant la Ligue, il y eut un bruit qui courut
(puisqu'il faut ainsi dire), qu'une nonnain de
Malenoue avoit eu apparition d'ange.

A cette nouvelle, quelques dames des plus
grandes firent partie de l'aller voir, ce que
elles accomplirent. Étant là avec elle, oyant
discourir des merveilles de cet ange, elles
étoient en extase de douceur ; et comme cette
fille les voyait ainsi transportées d'aise, elle leur
amplifioit son discours du reste de la merveille,
puis ajouta : — J'étois si contente, madame, que
jamais tant ni plus. C'étoit le plus beau l'ange
du monde ; et puis, quand ce beau l'ange fut
sorti, toute ma chambre étoit si embaumée que
c'étoit merveille, tant elle sentoit *l'usc,* et le
membre vert et gris (voulant dire le musc et
l'ambre vert et gris).

XVI

LE CRUCIFIX ET LES SAINTS MANGEURS D'OIES

Dans un village, depuis naguères, on avoit fait un crucifix tout neuf, et l'on avoit mis le vieil au grenier du presbytère. Le curé, qui désiroit manger d'une bonne oie, l'avoit fait engraisser, tuer et mettre à la broche, pour cuire toute farcie. Or, pour épargner son bois, il avoit mis le vieil crucifix au feu, et, conscience le dévorant, ne l'avoit voulu rompre, si qu'il le mit tout entier au feu et laissa son petit neveu rôtir l'oie, c'est-à-dire tourner la broche. Quand le bras du crucifix fut brûlé, le corps tombe la tête sur le rôti, et le petit garçon de se lever et courir à l'église, où il va crier ;

— Mon oncle, mon oncle, cet homme que vous avez mis dans le feu mange notre oie.

Qui connoit mieux ce curé que moi ? Un jour je dinois chez M. du Mesnil, celui que

M. de Gué-Hubert fit porter par le diable avec sa femme dans un champ à deux lieues de sa maison. Le curé dina avec nous, puis, en diligence s'en retourna ; et aussitôt nous ouïmes sonner les cloches, comme pour un nouveau miracle.

Le fait est tel. Un voisin de M. le curé lui avoit dérobé une oie et l'avoit mangée. Ce curé l'avoit tant cherchée qu'il en avoit dépit. Enfin, par confession du paysan il sut la vérité ; et, pour ce que c'est sacrement, il n'y a pas moyen de s'en venger en la découvrant ; par quoi il délibéra pour l'attraper de lui en faire autant, selon que l'Evangile l'enseigne aux gens d'Eglise : — Si on vous frappe en une joue, baillez une bonne et forte jouée en l'autre.

Il fit donc tant qu'il empoigna une bonne, grosse, grasse, ferme et délicate oie du paysan; et se délibéra d'en manger à gogo, cou et tout; et, pour cet effet, il la fit dévotieusement cuire au feu presbytéral, comme dit est.

Etant revenu de l'église, et délibérant se mettre à table, voilà que M. du Mesnil l'envoya quérir. Quoi! perdre une repue franche ? Ce seroit double perte à un curé : il perdroit ce qu'il mangeroit et ce qu'on lui prépare.

Le curé, délibérant d'aller dîner, dit au messager : Mon ami, je vais après vous.

Il se prépara pour venir. Or, il avoit envie de manger de l'oie et disoit : Je la mangerai par dépit. — De la laisser au logis il n'y avoit point de moyen ; par quoi il s'avisa de la cacher ; et pour en ôter la connaissance à son valet et à sa chambrière, il les occupa de messages, puis prit les clefs de l'église, et y porta l'oie toute cuite, et la mit en un coffre ; puis il cacha les clefs sous une tombe.

Le valet qui étoit au guet l'aperçut ; par quoi, sitôt que le curé eut pris l'air, il s'en vint avec la chambrière et un autre de leurs familiers, et allèrent manger l'oie tant qu'ils purent ; puis ils dépendirent toutes les images, et les mirent autour de ce coffre, leur ayant graissé le minois et les mains du reste. Il restoit encore une demi-cuisse, qu'ils mirent en la goule du diable qui est sous saint Michel, et s'en allèrent fermant l'huis et remettant les clefs où elles étoient mussées.

Le curé revenu va droit aux clefs ; et, les ayant trouvées comme il les avoit mises, dit : — Je mangerai de l'oie à mon compère.

Il entra en l'église, et voyant tant de saints autour de son coffre à l'oie : O, ho, dit-il, et qui, tous les diables, vous a mis là ?

Etant approché et les voyant ainsi gras par le mufle et les mains, et la cuisse en la gorge du diable, la lui arracha, disant :

— Vilain que tu es, je ne me soucie pas des autres ; mais toi, j'en aimerois mieux étrangler que tu l'eusses ; et dà, j'en tâterai.

Comme il la savouroit, il se va souvenir de sa faute ; si qu'il sonna les cloches pour appeler le peuple pour voir ce grand miracle.

XVII

LA FEMME AU BERCEAU

Ce fut le sieur du Fouilloux qui berça sa femme. Elle étoit mauvaise, grondoit quand il venait compagnie, rechignoit perpétuellement et lui donnoit tant et tant de tourment qu'il ne savoit où se mettre. A la fin, il s'avisa d'un bon expédient.

Il fit faire un berceau assez grand pour la mettre et le fit porter en sa maison avec tout l'attelage, amena aussi un prêtre, un greffier, et quelques siens amis, avec quatre crocheteurs et six vezoux.

Etant entré, il dit à sa femme : Ça, ma mie, faites-nous bonne chère.

— Allez, dit-elle, de par le diable, faire bonne chère d'où vous venez ! vous ne servez qu'à mettre tout sens dessus dessous.

Adonc il se mit en colère, au moins le fei-

gnit, et il la fit prendre toute brandie, lier et
emmailloter, et coucher dans ce berceau; ce
qu'ils firent.

Elle leur crachoit au nez, tempêtoit : Je
veux pisser, je veux chier !

C'étoit tout un, ils n'en berçoient que mieux.
Les vezoux disoient de la *vase,* les gentils-
hommes dansoient *petonton* les branles du
Poitou.

— O là, dit-il, mes amis, boutez; écrivez,
monsieur le greffier, les injures et opprobres
dont ma bonne femme m'honore. Là, là, ma
mie, vous mourrez bien heureuse; on ne dira
pas que je vous ai tuée. O ! que vous serez heureuse ! Mais arrêtez un peu, ô berceux de paradis, afin que monsieur le chapelain la confesse.
Confessez-vous, ma mie; vous n'avez plus
qu'une heure à vivre; j'ai pitié de votre âme;
je ne veux pas tout perdre.

Elle tempêtoit plus fort et plus rudement
on berçoit; et vous en aurez !

A la fin, elle pria de parler à son mari, qui,
venu à elle, lui dit : Ma femme, il n'y a plus de
moyen de parler à moi; vous êtes prête à mourir; je vous pardonne, confessez-vous, afin que
vous mouriez pénitente. Sus, sus, bercez toujours ! Là, nobles berceux, ça, mes amis, vous

ferez aller cette âme en paradis avec le branle doux ; jouez vos jeux, jouez ; et nous tous, dansons de rejouissance de voir une si belle âme être prête du bon repos tant désiré.

La peur commençant à entrer dans la conscience de cette femme, elle vint aux supplications, qui à la fin furent si humbles et pleines de tant de protestations que, le mari prié par ses amis, la dame fut délivrée ; son mari la mit entre les mains des chirurgiens pour la saigner, à cause de l'appréhension qui l'avoit saisie ; et dès lors elle fut changée de tout point de son humeur fâcheuse.

XVIII

AMBASSADEURS A LA CRÈME

Le duc (de Savoie, Victor-Emmanuel Ier) envoya au pape des ambassadeurs lui remontrer la disette du pays et le prier de lui donner deux cueillettes (sur les Biens d'Eglise) l'an d'après. Il y avoit six ambassadeurs, nobles seigneurs, et de crédit, qui étant arrivés le firent savoir au pape.

Le plus sage d'entre eux fut élu de tous pour porter la parole. — Mais, dirent-ils, que donnerons-nous au pape? — Il lui faut donner de ce qui abonde en notre pays; c'est de la crème, dont nous aurons chacun, dans un bassin d'argent, une belle et honnête quantité.

Que voilà bien entendu. — Mais, ce dit le président, qui fut M. de Raconis, avisez bien tous à faire comme je ferai, de peur que ne fassions les sots.

— C'est bien dit ; nous le ferons.

Le jour de l'audience venu, ces messieurs s'en viennent avec leur équipage. La porte ouverte, le premier entre. De fortune, il y avoit un petit seuil à bas qu'il ne voyoit pas : il étoit tête nue, tenant ce bassin haut de ses deux mains, appuyé contre son estomac ; il bailla du pied à ce petit seuil qui lui fit baisser la tête et donner du nez dans la crème. Les autres, voyant sa barbe ainsi blanche, estimèrent que ce fut par bienséance qu'il fallut ainsi se présenter ; par quoi chacun d'eux se torcha et repassa le museau dans sa crème ; et ainsi se présentèrent au pape, faisant leur requête, qui leur fut accordée, moyennant que les années auroient vingt-quatre mois.

XIX

MADAME DE LA SOUCHE

Jacques Paulet tailloit la treille de Madame
de la Souche. Il étoit beau et gaillard ; et madame l'ayant contemplé eut envie d'avoir accointance avec lui, chose que pour rien du monde
elle n'eût voulu permettre à d'autre qu'à son
mari.

Or, dans cette accointance désirable et volup-
tueuse, d'autant qu'elle eut lieu de plein jour,
ils firent un bel enfant (et à cela se connaissent
les enfants faits de jour ou de nuit, ou autres
des Quatre-Temps, selon leur beauté ; les plus
beaux sont faits de jour) ; or, elle qui étoit
mariée, ne pensant pas que cela dût prendre,
à cause que le prêtre n'y avoit pas passé, n'en
fit autre mine ; et toutefois se trouva grosse,
dont toutefois elle accoucha, fort assurée à qui
l'enfant étoit.

Il advint que la bonne dame fut malade, et comme elle fut prête de mourir, elle appela son mari et lui dit : Mon ami, je vous ai toujours été obéissante et douce, je crois que vous ne vous plaignez point de moi ?

— Non, ma mie, réjouissez-vous et revenez au monde.

— O mon ami, je suis fort dolente et ennuyée d'une faute que je vous ai faite ; mon cher mari, je ne vous en ai fait qu'une, je vous prie de me la pardonner.

— Las, ma mie, prenez courage ; il n'y a rien que bien.

— Mais, mon ami, la faute est grande.

— C'est tout un ; je vous la pardonne.

— Hélas ! mon ami, ce petit garçon n'est pas de votre fait ; c'est Paulet qui me le fit, le jour qu'il tailla notre treille, l'année passée.

— O, ô ! ma mie, dites-moi, étoit-il à notre journée ?

— Oui, mon ami.

— O bien, ô bien, ma mie, c'est tout un, puisqu'il étoit à notre journée et que nous l'avons payé, l'enfant est à nous, d'autant que ce qu'il faisoit étoit pour nous ; reposez en paix et ne vous affligez plus.

XX

L'ENFANT NOIR

Mon compère Livet, procureur au Châtelet de Paris, ne laissoit jamais son écritoire. Il advint par malencontre de bas avis que madame sa femme, voyant un gai, gaillard et jeune Maure, en eut envie. Elle le fit entrer et, pour remédier à un mal d'estomac qu'elle avoit, elle le fit coucher avec elle. Ce qu'elle en faisoit étoit qu'elle considéroit que sa peau, vu sa nation, étoit plus chaude que celle d'un François.

Le jeune homme ayant été là assez longtemps fut remercié et salarié de son bon office, où il n'y avoit point de mal, vu que cela tendoit à la santé. Mais que c'est des impressions ! Il lui advint que son mari venant à la copuler, elle, qui se souvint du Maure, en engendra un ; ce qui parut quand elle accoucha.

Sa commère, voyant à son enfantement cette aventure si noire, l'en avisa ; et la pauvrette lui dit sa friande imagination. A quoi la bonne commère et amie pourvut, et s'en alla au Châtelet faire appeler Livet, qui venu lui dit :

— Hé bien, ma mie, qu'avons-nous ?

— Un beau fils, lui dit-elle ; mais, je vous prie, dites-moi en conscience, mon compère, n'avez-vous jamais accolé ma commère, que vous eussiez votre écritoire à votre côté ?

— O que si, plus de trente fois.

— Vraiment, vous avez bien besogné ! Je m'en doutois bien ; voilà, il est chu de l'encre dedans, si que vous avez fait un enfant noir comme un Maure.

XXI

LE PAYSAN ET LE JUGE

Je me souviens qu'étant à Paris, chez un conseiller, j'ouïs un bon apophthegme. Il y avoit un bon paysan, qui avoit gagné son procès et étoit allé parler à son procureur, qui lui avoit donné avis d'aller voir ce conseiller qui avoit été rapporteur, afin qu'il le remerciât.

Ce bonhomme allant pensoit en lui-même que, possible, il lui faudroit encore donner quelque chose; toutefois, il s'assura qu'il auroit tant de conscience qu'il ne lui demanderoit plus rien, vu que, pour payer les épices, il avoit même été contraint de vendre sa vache, seul reste de son bien.

Le pauvre homme vint saluer monsieur son rapporteur, qui lui dit : Mon ami, je vous sais bon gré de m'être venu voir; je prends plaisir à m'employer pour les gens de bien; remerciez

Dieu que vous avez eu tel, qui vous a conservé votre droit.

Or, il y avoit en la même salle un peintre qui faisoit une chasse, en un paysage, où il y avoit plusieurs sortes d'animaux que ce paysan se mit à regarder. Le conseiller lui dit :

— Que regardez-vous là, bonhomme ?

— Je regarde si entre tant de bêtes qu'on vous donne, ou qu'on emploie pour vous apporter de l'argent, je ne verrai point ma vache ; au moins que la moitié y fut, puisque vous l'avez eue et davantage.

XXII

SŒUR DRONICE

L'abbesse, s'apercevant que cette nonnain venoit à quatre pieds (enceinte) au chœur, la prit à part, et lui remontra, la censurant amerodoucement, comme font les capucins, qui en cela imitent les ministres de Genève, qui épluchent à leur mercuriale, qu'ils font le jeudi prochain des Quatre-Temps, et puis vont banqueter ensemble.

Sœur Dronice, qui ne voulut point être tancée pour avoir si bien fait, lui dit humblement : Madame, pardonnez-moi ; je ne pense pas avoir failli. J'ai lu au grand livre de Parchemin : *Bonum est omnia scire,* il est bon de tout sçavoir.

— O ma fille, il falloit tourner le feuillet, vous eussiez trouvé : *Et non uti,* et n'en faut user.

— Madame ma chère mère, excusez-moi, s'il vous plaît ; quand je serai de votre âge, je tournerai le feuillet.

XXIII

LE DOCTEUR EN THÉOLOGIE ET LE PAYSAN

Le cousin de Vaugirand, qui est docteur en
théologie, venant un jour de prêcher d'un village où on l'avoit prié, s'en retournoit. Or,
allant et rêvant sur sa bête il s'égara, et trouva
un paysan auquel il demanda le chemin pour
aller à Sevenière. Le paysan le reconnut et lui
dit :

— Hé dà, monsieur, vous êtes un homme de
bien ; je vous ai ouï prêcher en notre village ;
j'ai plus retenu de votre sermon que de tous
les autres ; je voudrois bien en avoir une demi-
douzaine de semblables.

— Eh bien ! dit-il, mon ami, vous en aurez
quelque jour ; mais enseignez-moi le chemin
pour aller à Sevenière ?

— Ha, ha ! dit le paysan, le bon Dieu m'en
veuille bien garder d'enseigner à un homme qui

sait tout; ha, ha! vous vous moquez bien de moi. Les petits enfants le savent bien; et vous, qui savez tout, ne le sauriez-vous pas? Il n'y a pas de dret. Adieu, monsieur.

Et le laissa là. Il fut bien camus de cette réponse du paysan; il en eut le nez aussi long, qu'il fut camus.

XXIV

PRUDENCE HUMANI-MONACALO-CHANOINESSE

Savez-vous pas bien qu'en matière de pru-
dence humani-monacalo-chanoinesse, un grand
tort ou dommage invisible est réparé et satisfait
par un petit bien manifeste, comme ès-cours
les présents font souvent gagner les méchantes
causes. Ainsi plusieurs, tant laïques qu'autres,
ayant bien dérobé en cachette, fondent publi-
quement de beaux anniversaires solennels, où
ils produisent les fruits mignons du Mammon
d'iniquité. Les gens de justice en bâtissent de
beaux châteaux qui honorent le royaume ; les
financiers en parent tout. Et même, je vous
dirai que si un petit commis de mes fesses a
volé dix écus, incontinent il se fera paroître,
quand il ne le devroit, qu'avec une ceinture de
broderie ; et un méchant procureur fera incontinent bâtir. Quant aux conseillers, ils n'y

entendent rien ; ils ne dérobent que l'écume ;
ils ne mettent pas la main au fond du pot, si je
ne mens. Et ainsi sont effacés les larcins, mono-
poles, sacrilèges, fraudes et telles joyeuses
inventions et moyens de parvenir.

XXV

LES ÉLÉMENTS DE PIPERIE

Je sais qu'il y a un autre univers que Dieu a
fait. Mais nous (*id est* nos pères les hommes et
les femmes), en avons bien fait un autre plus
accompli, si Aristote dit vrai.

Ainsi est-il du monde de piperie, plus accort,
plus joli, plus parfait, plus délicat, et mieux
sentant son bien que le premier. Et qu'y a-t-il
de remarquable ? Une quintessence plus profitable, plus pénétrante, plus glorieuse, plus intelligible et plus vivifiante : les sages et les
parvenants l'ont reconnue et l'ont apprise à
plusieurs. Ceux qui ont été plus subtils et ont
reconnu les quatre éléments de piperie, extraits
ainsi de la supposition ecclésiastique, judiciaire,
médicinale et traficante, ont tâché à y entrer
pour parvenir : aussi n'y a-t-il point d'autres
moyens outre ceux-ci, qu'un qui est la vraie

quintessence, selon laquelle plus aisément et avec moins de peine on gagne davantage, ayant plus loisir et plus grand profit.

Et c'est ceci qui se remarque en tous ordres où le moyen de parvenir est proposé, auquel, comme en toutes vacations, ceux qui font le plus de bruit ont le plus de soin et de peine, s'avançant en plus de travail gagnent le moins ; et par conséquent ceux qui sont les plus accommodés ont moins de sollicitude, et avec moins de difficultés emportent le plus de profit.

C'est observé de siècle en siècle, pource que les vignerons ne boivent pas le bon vin, les miniers ne possèdent guère d'or, encore qu'ils le serrent en grands labeurs, sans que pour le préparer il leur demeure ès mains.

Il n'y a que maquereaux pour être aisés d'autant qu'ils entendent aussi les matières. Le grand Alexandre n'avança jamais qu'un voleur, un maquereau et un traitre. O belle chose à imiter !

Il est advenu que les gens de bon esprit ont traité la quintessence, non comme ces tristes enfumés (d'alquemistes), mais en habiles et industrieux attrapeurs de commodités.

Et de fait, ils l'ont trouvée, à savoir ès finances où se pratique, non par transpiration imperceptible, mais par emplissement naturel, le plus saint, magnifique et commode secret d'amasser.

Le diantre y ait part! J'ai été de tous les honnêtes métiers du monde, hormis de cettui-là, et professeur en folie. De venir aux finances il n'y a plus moyen à ceux qui ne les pratiquent d'heure.

Quant à l'autre, j'étois hier en pensée de m'y faire passer maître, comme un de vous autres ; mais encore qu'il n'y ait personne qui eut plus envie que moi d'être fou, parce qu'aux fous tout est permis pour rire, si ai-je quelque honneur qui m'en empêche : aussi n'oserois-je sauter ce bâton, de peur de perdre les bonnes grâces de ma maîtresse. Toutefois, je vous proteste que s'il y avoit autant d'honneur qu'aux folies d'être chancelier ou premier président, ou de telle autre qualité de fous qui *foussoient* les autres fous, il n'y auroit guère de bons esprits qui ne fissent paroitre que *quisque abundat in suo sensu,* c'est-à-dire chacun est, sera ou est dit ou deviendra, s'il ne l'est, fou par la tête.

XXVI

VIEILLES DÉVOTES

On a parlé de la piété ; elle se peut connoitre
par les effets. J'ai observé que les femmes, qui
ont longtemps ébattu leur jeunesse, se venant
à retirer de cet état, sont plus dévotes que les
autres. Vous les voyez sans cesse tomber
en oraisons, les yeux larmoyants, la bouche
pleurante...

XXVII

IGNORANCE

M. de Césarée, évêque portatif *(in partibus)*, faisoit sa visite par le diocèse d'un qui l'en avoit prié et où il avoit autrefois tenu les ordres. Il se trouva qu'il interrogea un prêtre qu'il trouva ignorant.

— O, dit-il, gros bedier, âne que tu es, qui t'a fait prêtre? Qui est le veau d'évêque qui t'a conféré cet ordre?

— C'est vous, monsieur.

— Par dépit, bedier, je payerai cent sols d'amende, et toi, dix francs. Mon secrétaire, faites-vous payer.

Il est passé en proverbe de dire : *Pauvre prêtre,* vu la pauvreté de certains en science.

XXVIII

EXCOMMUNICATION

C'est Pythagoras qui, au livre des *Inventions*, sans crainte, a librement prononcé hérétiques excommuniables, comme écus-au-soleil, ceux qui mangent des choux avec une cuiller.

Les ecclésiastiques sont traitables, ils ne font qu'excommunier; cela va et vient comme de l'eau claire; mais ces gens de justice font tache d'huile; que le diable y ait part. Mon ami, laissons les gens de la Justice la bonne Dame; laissons-les; achevons nos contes.

XXIX

COMMENTAIRES

L'ambition et l'impiété des grands, l'ignorance des prêtres, la présomption des ministres, le désordre des moines, l'envie des chanoines, la fausse science des docteurs, les usures des huguenots, les piperies des papistes et toute autre contradiction, ont fait naître ces beaux commentaires, qui sont compilés de l'étourdissement des hommes et de la friponnerie des femmes, qui s'est établie encore plus fort depuis qu'on a nommé un cheval *haquenée*, un moine ou un chanoine *dignité*. Et de fait huchez un moine et lui dites : *moine !* il se fâchera.

TABLE DES MATIÈRES

FIN DE LA TABLE DES MATIÈRES

Achevé d'imprimer

le vingt mars mil huit cent quatre-vingt-cinq

PAR

E. ARRAULT & Cⁱᵉ, IMPRIMEURS A TOURS

POUR

C. MARPON ET E. FLAMMARION, ÉDITEURS
A PARIS